应用型教育数智化财会专业"十四五"系列教材
校企合作精品教材

RPA机器人
在财务中的应用

主编 付阳

中国·武汉

图书在版编目（CIP）数据

RPA 机器人在财务中的应用 / 付阳主编．—武汉：华中科技大学出版社，2023.2
ISBN 978-7-5680-9166-4

Ⅰ.①R… Ⅱ.①付… Ⅲ.①财务管理 – 专用机器人 Ⅳ.① F275 ② TP242.3

中国国家版本馆 CIP 数据核字（2023）第 019889 号

RPA 机器人在财务中的应用
RPA Jiqiren zai Caiwu zhong de Yingyong

付阳　主编

策划编辑：聂亚文
责任编辑：段亚萍
封面设计：孢　子
责任监印：朱　玢

出版发行：华中科技大学出版社（中国·武汉）　　电话：（027）81321913
　　　　　武汉市东湖新技术开发区华工科技园　　　邮编：430223
录　　排：武汉创易图文工作室
印　　刷：武汉开心印刷有限公司
开　　本：787 mm×1092 mm　1/16
印　　张：9.5
字　　数：243 千字
版　　次：2023 年 2 月第 1 版第 1 次印刷
定　　价：40.00 元

本书若有印装质量问题，请向出版社营销中心调换
全国免费服务热线：400-6679-118　竭诚为您服务
版权所有　侵权必究

前言

"RPA 机器人在财务中的应用"是财经类专业的应用课程,由理论和实操两部分组成,内容包括 RPA 机器人的介绍、UiPath 介绍、变量和参数介绍及案例操作、活动和工具栏介绍及案例操作、函数的介绍与综合案例的操作。为满足高等院校高素质应用型人才培养的需要,我们在参考同类教材和总结多年教学经验的基础上,从高等院校教学实际出发,根据财务相关专业学生的应用需要,精心编写了本书。

本书紧扣"RPA 机器人在财务中的应用"课程教学主题,坚持以培养高素质应用型人才为导向,注重学用结合、知行合一,注重学生对 RPA 机器人相关的基础理论知识的理解掌握,重点培养案例实操能力,致力于培养学生的基本专业素养和专业技能,为学生今后从事财务工作打下坚实的基础。

本书通过对 RPA 基础知识的讲解,对理论和操作进行循序渐进的介绍,主要体现以下几个特点:

(1)理论丰富,结合实践。本书通过对操作步骤化的学习,将理论和操作融会贯通,最终进行自动抓取数据、财务对账自动化、智能分析财务报表、自动开具发票、自动纳税申报等案例的操作。

(2)面向教学,走向社会。本书的案例结合企业真实的需求以及使用的案例进行开发与设计,学生可将学习到的案例直接应用到社会工作中。

(3)循序渐进,把握规律。本书从理论介绍引入变量和参数案例的操作,通过小案例理解理论知识。学习完活动和工具栏案例后再进入综合案例的学习和应用,注重在知识的"浅、宽、新、用"方面多下功夫,力求做到深入浅出。

本书可作为普通高等(职业)院校会计、财务管理、工商等专业"RPA 机器人在财务中的应用"课程的教材或教学参考书,也可作为各财税培训机构的培训用书,也适合会计爱好者自学使用。

通过本书的学习,读者可在工作中将所学知识进行应用,能够大大减轻重复化、标准化的财务工作,提高工作效率,从而更利于从核算会计向管理会计转型。读者能够通过本书的学习真正充分地掌握 RPA 这一工具,通过分析企业需求,自主研发工作需要的机器人完成工作的自动化,达成学有所用、学有所长。

目录

第一章　认识 RPA 机器人 …………………………………………（1）
　一、RPA机器人简介 ……………………………………………（1）
　二、RPA机器人发展史：企业级RPA应用1.0到4.0 …………（1）
　三、RPA机器人主要特征 ………………………………………（2）
　四、RPA机器人主流平台 ………………………………………（2）

第二章　UiPath 介绍 ………………………………………………（4）
　一、UiPath简介 …………………………………………………（4）
　二、UiPath下载和安装 …………………………………………（4）
　三、UiPath 操作面板介绍 ……………………………………（10）
　四、UiPath的运算符号和支持的项目 ………………………（13）

第三章　变量操作 …………………………………………………（16）
　一、变量介绍 …………………………………………………（16）
　二、变量的创建与调用 ………………………………………（17）
　三、变量的操作案例 …………………………………………（18）

第四章　参数操作 …………………………………………………（32）
　一、参数介绍 …………………………………………………（32）
　二、参数的创建和调用 ………………………………………（32）
　三、参数的操作案例 …………………………………………（34）

第五章　工具栏操作 ………………………………………………（37）
　一、工具栏简介 ………………………………………………（37）
　二、工具栏的操作案例 ………………………………………（37）

第六章　活动操作 …………………………………………………（62）
　一、活动简介 …………………………………………………（62）
　二、活动的操作案例 …………………………………………（62）

第七章　函数 …………………………………………………………………（102）

第八章　财务工作中的应用案例 ……………………………………………（107）
　一、银行对账案例 ………………………………………………………（107）
　二、自动开票案例 ………………………………………………………（116）
　三、纳税申报案例 ………………………………………………………（128）
　四、财务分析案例 ………………………………………………………（136）

第九章　通用的应用案例 ……………………………………………………（143）
　一、邮箱附件整理机器人 ………………………………………………（143）
　二、邮件发送练习 ………………………………………………………（145）

学习建议 ………………………………………………………………………（146）

第一章

认识 RPA 机器人

一、RPA机器人简介

机器人流程自动化(robotic process automation)简称RPA,是以软件机器人及人工智能(AI)为基础的业务过程自动化科技,它通过软件机器人基于一定规则的交互动作来模拟和执行既定的业务流程。

RPA机器人如同人类一样能够操作各种IT应用程序、企业内部系统、浏览器、Office软件、Java/.NET等语言编写的程序和ERP软件(SAP/Oracle)等。它基于设定的规则与其他各类系统进行交互,非常擅长执行那些枯燥的、烦琐的重复性任务。

二、RPA机器人发展史:企业级RPA应用1.0到4.0

2018年年初,知名咨询公司Everest Group给出了一份报告,该报告调查了来自欧洲、亚洲、大洋洲和北美洲的72家全球性企业,其中98%的企业已经开始使用RPA。该报告分别从RPA的解决方案、RPA软件的安全性、RPA软件的可扩展性及RPA的全面性这4个维度进行了展开描述。

1.RPA 1.0时代

在RPA 1.0时代,最令人瞩目的是Excel的宏。1993年,Excel第一次以Office套件的形式进入办公软件,开始支持VBA(visual basic for applications)。VBA是一款功能强大的工具,它使Excel形成了独立的编程环境。通过使用VBA和宏,人们可以把手工步骤自动化。VBA允许用户创建消息输入框来获得用户输入的信息。

除Excel的宏外,屏幕抓取和简单脚本的编写也诞生于RPA 1.0时代,其代表者是JavaScript。最初创建JavaScript是为了"make web pages alive(激活网页)",因此,JavaScript最初命名为LiveScript。用JavaScript编写的程序称为脚本。脚本可以直接写在网页的HTML中,并在页面加载时自动运行。JavaScript可以做与网页操作、用户交互和Web服务器相关的所有事情。

2.RPA 2.0时代

在RPA 2.0时代,流行的RPA产品开发平台有UiPath、Blue Prism、Automation Anywhere和WorkFusion等。它们广泛应用于业务流程外包(business process outsourcing, BPO)和共享服务市场

中。此阶段的产品允许用户以可视化的方式，使用拖放功能建立流程管理工作流，从而将重复的工作自动化。该工作流主要针对的是有固定规则的、结构化的数据。这种方式降低了用户的使用门槛，用户无须拥有专业的编码知识即可迅速获取数据与搭建流程。

3.RPA 3.0时代

在 RPA 3.0 时代，这些产品通过嵌入光学字符识别或光学字符读取器（optical character recognition，OCR）的功能，以及机器学习，可以处理非结构化数据及非规则性流程。

OCR 是指将手写或印刷文档通过电子或机械转换为可机器编码的文本，是从纸质数据中获取数字数据的一种形式。例如，把扫描的文档、文档的照片、场景的照片或叠加在图像上的字幕文字等转换为可机器编码的文本。

4.RPA 4.0时代

当进入 RPA 4.0 时代之后，RPA 产品便具有深度学习（即神经网络学习）的能力。通过录像机器人学习并且模拟员工日常操作，在学习一定次数之后，即可不通过任何代码的编译来模拟人类，从而使流程自动化或智能化。

三、RPA机器人主要特征

(1)出错率低：长时间操作系统，容易出现疲劳，从而导致出错，使用 RPA 可以有效降低出错率。

(2)安全可靠：RPA 不会泄密，避免人为操作风险。

(3)成本降低：机器人可以完成耗时且重复的任务。释放人力去完成更为增值的任务。

(4)无区域限制：不受区域影响，地点不会影响成本效益分析。

(5)核心价值：将人从重复的事情中解脱出来。

(6)准确度高：提高工作质量，避免出现因人为错误而导致的返工，准确率接近 100%。

(7)可拓展性强：轻松可拓展，立即培训和部署。

(8)合规遵从：机器人减少错误，提供审计跟踪数据。更好地满足合规控制要求。

(9)非入侵性：机器人配置在当前系统和应用程序之外，无须改变当前的任何应用和技术。

(10)全天候待命：能够 7×24 小时全天候执行此前人力从事的工作，节假日无休。

四、RPA机器人主流平台

1.UiPath UiPath™

UiPath 公司由罗马尼亚企业家 Daniel Dines 和其伙伴于 2005 年成立。该公司从罗马尼亚布加勒斯特开始，后来在伦敦、纽约、班加罗尔、巴黎、新加坡市、华盛顿特区和东京开设了办事处。在 2017 年，公司报告 590 名员工，并将总部迁至纽约，以更接近其国际客户群。在 2016 年，公司拥有 100 个客户，到 2017 年增加到 700 个客户。在 2019 年，UiPath 遍及全球 5000 个客户。根据 Gartner 市场份额数据，UiPath 的份额从 2017 年的第 5 名上升到 2018 年的第 1 名。

UiPath 是用于 Windows 桌面自动化的机器人过程自动化工具。它借助拖放功能自动执行重复/冗余的任务，并消除了人工干预。该工具提供了各种版本来支持不同类型的用户，根据德勤（Deloitte）的 2019 年高科技高成长 500 强企业，UiPath 在北美排名第一。它被诸如 Airbus、NASA、

Autodesk、DHL、HP、Paradise 等跨国公司使用。

UiPath 通过其在全球范围内提供通用型的 RPA 解决方案,稳居 RPA 首位。

2.Blue Prism

Blue Prism 成立于 2001 年,距今已有 20 余年服务经验,拥有目前业内领先的 RPA 平台,更服务了众多不同地域及不同文化差异的跨国公司,包括路虎、eBay、西门子等。作为一家英国跨国软件公司,目前已是国外比较成熟的 RPA 项目开发企业。

针对 RPA 的使用,Blue Prism 北亚区副总大中华区总裁夏治平(Jimmy P Sharp)举例说,以报销场景为例,员工报销时接触到的系统也许会包括打车软件后台、公司内网、打印系统等,但如果公司配置了负责报销的 RPA 机器人,也许每天大家只需要点击开始,最后拿着报销单交给前台即可,一切在系统间的操作都由机器人完成。

3.Automation Anywhere

Automation Anywhere(简称 AA)总部位于美国加利福尼亚州圣何塞,是目前最受欢迎的 RPA 工具之一。Automation Anywhere 的平台利用软件机器人,让业务处理能够自动运行。通过将传统 RPA 和非结构化数据、自然语言理解等认知元素相结合,这种系统能够处理那些过去需要数十万人类员工才能处理的任务。公司的旗舰产品是 IQ Bot 和 Automation Anywhere Bot Store,前者能通过观察人类的行为进行学习,后者是一个为普通任务打造机器人的市场。

第二章 UiPath 介绍

一、UiPath简介

从商业角度来说，UiPath 有两层含义，它既是公司名，也是 RPA 产品的名称。UiPath 公司由罗马尼亚企业家 Daniel Dines 和 Marius Tirca 于 2005 年创立，是一家开发机器人流程自动化(RPA 或 RPAAI)平台的全球软件公司。该公司成立于罗马尼亚布加勒斯特，后来在伦敦、纽约、班加罗尔、新加坡市、东京、深圳和上海等地开设办事处。

通过获取 Windows 句柄的机制，UiPath 产品不仅是基于 .NET 的一个集成开发环境(integrated development environment, IDE)，同时还具备运行环境及云部署调度平台的功能。

二、UiPath下载和安装

1.UiPath下载

(1) 打开官网 https://www.uipath.com.cn，单击 [开始试用]（见图 2-1）。

图 2-1

(2) 选择获取 UiPath 社区版（见图 2-2）。

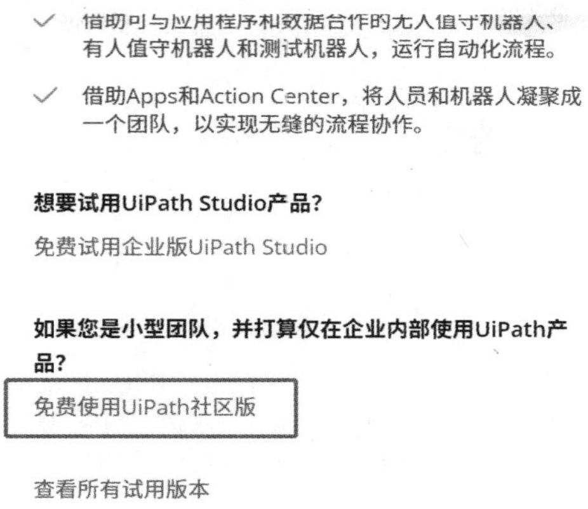

借助可与应用程序和数据合作的无人值守机器人、有人值守机器人和测试机器人，运行自动化流程。
借助Apps和Action Center，将人员和机器人凝聚成一个团队，以实现无缝的流程协作。
想要试用UiPath Studio产品？
免费试用企业版UiPath Studio
如果您是小型团队，并打算仅在企业内部使用UiPath产品？
免费使用UiPath社区版
查看所有试用版本

图 2–2

(3) 填写姓、名、电子邮箱地址、专业领域、职位、公司、公司所在行业、国家和地区，勾选同意协议，单击 [提交](见图 2–3)。

注意：电子邮箱地址建议填写企业邮箱，非企业邮箱可能会收不到邮件。

UiPath
使用UiPath社区版
免费开启自动化之旅

图 2–3

(4) 提交成功之后，将会往上一步填写的企业邮箱发送一个下载链接(见图 2–4)。

感谢您申请试用UiPath社区版！
请查看您的电子邮箱。
您很快会收到一封包含UiPath Studio社区版下载链接及相关说明的邮件，请注意查收！

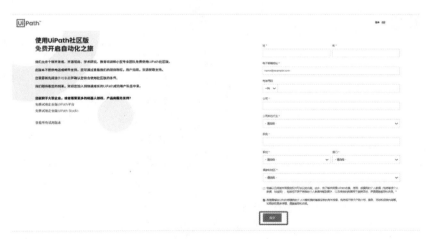

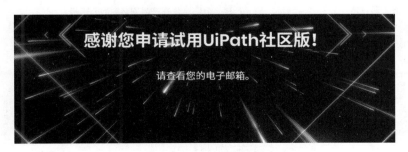

图 2–4

(5) 过几分钟之后查看邮件下载即可（见图 2-5）。

图 2-5

2.UiPath 安装

(1) 双击 UipathStudioCommunity.msi 安装文件（见图 2-6）。

(2) 显示正在准备安装（见图 2-7）。

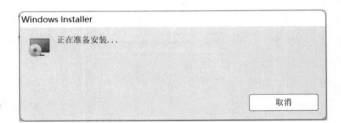

图 2-6　　　　　　　　　　图 2-7

(3) 同意许可协议，单击 [安装]（见图 2-8）。

(4) 等待安装，如弹出 UiPath 安装程序弹窗，单击 [确定]（见图 2-9）。

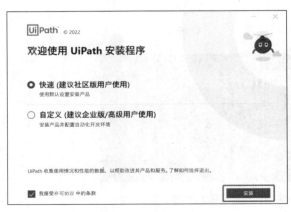

图 2-8　　　　　　　　　　图 2-9

(5)如弹出弹窗,继续单击 [确定](见图 2-10)。

(6)结束后单击 [启动 UiPath Studio](见图 2-11)。

图 2-10

图 2-11

(7)单击更多操作 [More Options](见图 2-12)。

(8)单击最后一个选项 [Standalone Options](见图 2-13)。

图 2-12

图 2-13

(9)单击最后一个选项 [Community Offline](见图 2-14)。

(10)单击第一个选项 [UiPath Studio](见图 2-15)。

图 2-14

图 2-15

3.UiPath设置语言

(1)设置语言为[中文(简体)](见图2-16)。

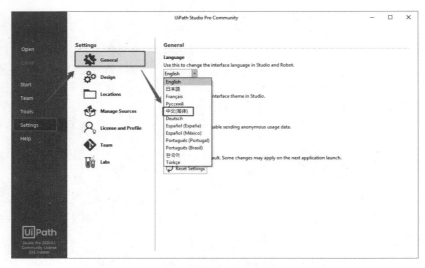

图2-16

(2)重新启动UiPath(见图2-17)。

图2-17

4.安装扩展程序

(1)安装UiPath Chrome扩展程序(见图2-18)。

图2-18

(2)Chrome浏览器设置(见图2-19)。

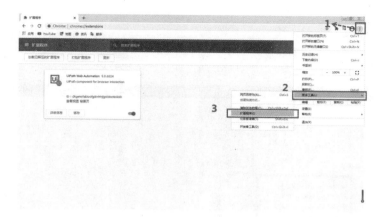

图 2-19

(3)在浏览器中打开扩展程序(见图 2-20)。

图 2-20

5.取消为新项目使用新式体验

取消为新项目使用新式体验(见图 2-21)。

图 2-21

6.安装报错处理

(1)安装报错情况一。

依赖项标识为红色表示依赖项没有加载成功,单击右键修复依赖项(见图2-22)。

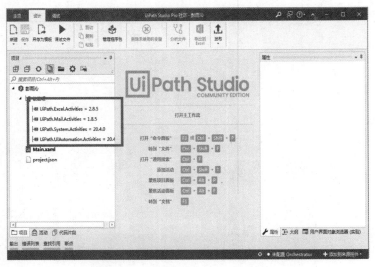

图 2-22

(2)安装报错情况二。

如果 UiPath 关闭之后打不开,则按 Ctrl+Alt+Delete 键进入任务管理器,把 UiPath 开头的进程全部结束(见图2-23)。

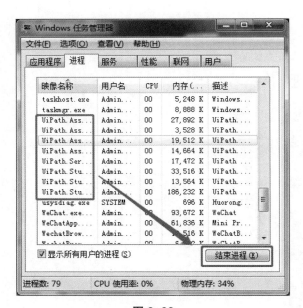

图 2-23

三、UiPath 操作面板介绍

(1)开始界面(见图 2-24)。

图 2-24

(2) 主工作界面(见图 2-25)。

图 2-25

①工具栏有主页、设计和调试三个选项。主页选项可创建新项目或打开一个已创建的项目、切换版本、转到在线文档和提交请求;设计选项可创建或启动序列、流程图或状态机、访问向导、管理变量和检查第三方应用程序的用户界面元素;调试选项可运行或停止项目、启动调试过程、减速步骤和打开日志。

②项目区有项目、活动和代码片段三个选项(见图 2-26 至图 2-28)。项目面板能够查看当前项目的内容,显示目前项目中创建的应用程序 .xaml。活动面板显示目前项目中可用的所有活动,可以在顶部输入活动名称进行搜索。

图 2-26　　　　　　　　图 2-27　　　　　　　　图 2-28

③设计面板也叫开发区、工作区，是设计开发的主要区域。

④属性面板用于查看和更改所选活动的属性。

（3）变量面板（见图 2-29）。

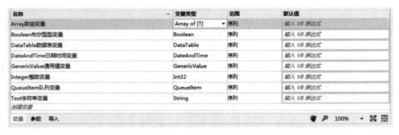

图 2-29

①名称（强制性）：变量的名称。如果你没有为变量添加名称，那么它就会自动生成一个。

②变量类型（强制性）：允许选择的变量类型。有以下选项：

· Boolean

· Int32

· String

· Object

· GenericValue

· Array of [T]

· Browse for Types

③范围(强制性):变量可用的区域范围,例如特定的活动。默认情况下,它们在整个项目中可用。

④默认值(可选):变量的默认范围。如果这个字段为空,该变量将会以对应数据类型的默认值来初始化。例如,对于 Int32 的变量,默认值为 0。

(4)输出面板(见图 2-30)。

图 2-30

输出面板能够显示消息框活动或 Write Line 活动的输出,以及激活调试模式时的日志。

四、UiPath 的运算符号和支持的项目

1.UiPath 运算符号

运算符是用于各种运算的符号,包括算术运算符和比较运算符。UiPath 可以通过运算符号对数值变量和数字之间进行算术运算,包括加、减、乘、除、大于、小于、大于等于、小于等于和不等于等运算,其比较的结果一般为数字或 Boolean 类型(见表 2-1)。

表 2-1

运算符	含义	示例(a 和 b 代表数值变量)
+	表示两个数值变量或数字相加	a+b a+5 5+b
-	表示两个数值变量或数字相减	a-b a-5 5-b
*	表示两个数值变量或数字相乘	a*b a*5 5*b
/	表示前一个数值变量或数字除以后一个数值变量或数字	a/y a/5 5/b 如:17/5 输出的结果为 3.4
Mod	表示前一个数值变量或数字除以后一个数值变量或字符得出的余数	a mod b a mod 5 如:17÷5=3……2(2 为余数),17 mod 5 输出结果为 2
>	大于	a>b a>5 5>b
<	小于	a<b a<5 5<b
>=	大于等于	a>=b a>=5
<=	小于等于	a<=b a<=5
<>	不等于	a<>b a<>5

2.UiPath支持的项目

UiPath 支持的项目有序列、流程图和状态机三种,可在新建项目时进行选择(见图 2-31 至图 2-33)。

图 2-31

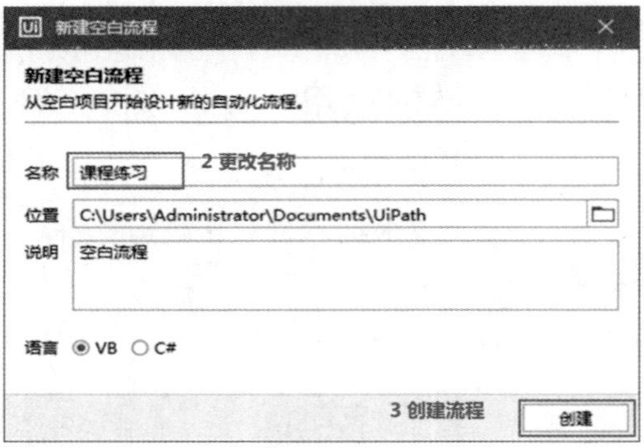

图 2-32

图 2-33

(1)序列:适合执行线性执行的步骤,允许你平滑地从活动切换到另一个活动,而不会使你的项目变得细碎(见图 2-34)。

本例中使用活动:输入对话框、消息框。

本例中创建变量:学校、班级、姓名。

(2)流程图:适合更加复杂的业务逻辑,通过多重流程控制逻辑,允许你集成判断和连接多个活动等,以更加多样的形式来自动化执行流程。流程决策等相关活动只能在流程图中应用(见图2-35)。

图2-34

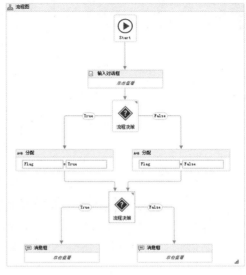

图2-35

本例中使用函数:a mod b=c(表示a除以b余数为c)。

(3)状态机:适合大型的项目。它们在执行过程中使用有限的状态,这些状态是由条件(转换)或活动触发的。状态相关活动只能在状态机中应用(见图2-36)。

本例中使用函数:new Random( ).Next(1,100)。(表示自动生成1~100之间随机数字。)

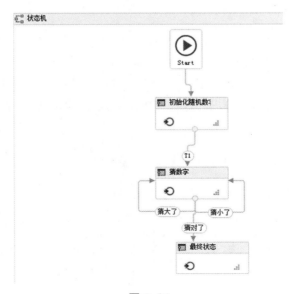

图2-36

第三章 变量操作

一、变量介绍

变量主要用于存储数据，它在 RPA 中扮演重要的数据传递角色，是 RPA 编程不可或缺的一部分。变量包括变量名称和变量的值，变量的值支持多种数据类型，包括从通用值、文本、数字、数据表、时间和日期、UIElement 到任何 .NET 变量类型。可以通过点击类型选择最后一项 Browse for Types 去寻找想要的类型。

变量类型有以下几类：

(1)String 字符串变量：String 用于存储任意类型的信息。

(2)Boolean 布尔型变量：Boolean 用于存储 true 或者 false 变量，主要用于判断、做出决策，从而更好地控制流程。

(3)Integer 整数变量：Int32 主要用于存储数字信息，主要用于执行方程式或者比较，传递重要数据。

(4)Array 数组变量：Array of [T] 主要存储相同类型的多个值。

(5)DateAndTime 日期时间变量：DateAndTime 用于存储有关任何日期和时间的信息。

(6)DataTable 数据表变量：DataTable 用于存储二维数据结构的表格数据，具有行和列的属性。

(7)GenericValue 通用值变量：可以存储任何类型的数据，包括文本、数字、日期和数组，并且是 UiPath Studio 特有的。

> 注意：GenericValue 变量的自动转换机制可能转换不正确。

(8)QueueItem 队列变量：用于存储一个从项目容器（队列）中提取的项目。通常，出于在各种情况下进一步使用队列项目的目的而进行提取。

> 注意：UiPath 中的字符串必须放在英文引号之间，而变量不用英文引号。连接两个字符串或字符串变量用+号，例：字符串变量+ " 字符串 "。

二、变量的创建与调用

1.变量的创建

(1)在设计面板创建(见图 3-1)。

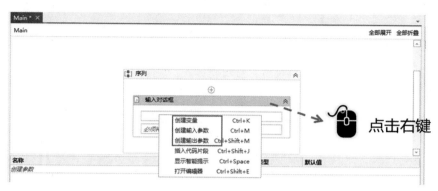

图 3-1

(2)在变量面板创建(见图 3-2)。

图 3-2

(3)在属性面板创建(见图 3-3)。

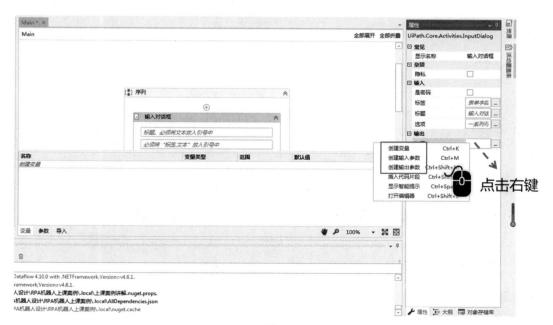

图 3-3

2. 变量的调用

(1) 直接输入变量名调用（见图3-4）。

> 📝 提示：变量创建和调用均不需要加英文引号，字符串才需要加英文引号。

图 3-4

(2) 按下空格键后，会显示所有可用变量，用鼠标左键选择一个变量调用（见图3-5）。

图 3-5

三、变量的操作案例

1. 变量1：序列—字符串变量

(1) 打开 UiPath Studio 软件，新建流程，设置名称为：字符串变量（见图3-6）。

第三章
变量操作

进入设计面板,在左上角单击新建序列,设置名称为:字符串变量(见图3-7)。

图 3-6　　　　　　　　　　　　　　　图 3-7

(2)在活动面板搜索[输入对话框]活动控件,拖拽至设计面板。

在属性面板的输入标签处输入["请输入你的姓名"],输出结果处单击鼠标右键新增变量[姓名],设置变量类型为String(见图3-8)。

> 提示:此处"请输入你的姓名"为字符串,需加英文引号。

图 3-8

(3)在变量面板查看是否存在新增的变量[姓名],如存在,检查变量类型是否为String;如不是,则将变量类型更改为String(见图3-9)。

名称	变量类型	范围	默认值
姓名	String	字符串变量	输入 VB 表达式

创建变量

变量　参数　导入

图 3-9

(4)在活动面板搜索[消息框]活动控件,拖拽至设计面板,在属性面板的输入文本处输入["你的姓名是" + 姓名](见图3-10)。

> 提示：此处"你的姓名是"为字符串,需加英文引号;姓名为变量,不需加英文引号;+号是连接符,将字符串与字符串变量进行连接。

图3-10

(5)在工具栏单击[调试文件],检查调试效果(见图3-11和图3-12)。

图3-11

图3-12

2.变量2：序列—整数型变量

(1)打开Uipath Studio软件,新建流程[整数型变量],进入设计面板,在左上角单击新建序列[整数型变量]。

(2)在活动面板搜索[分配]活动控件,拖拽至设计面板,在等号的右边输入[2002],在等号的左边单击鼠标右键创建变量[出生年份],设置变量类型为Int32。显示为:出生年份 = 2002(见图3-13)。

图 3-13

(3)在活动面板搜索[分配]活动控件,拖拽至设计面板,在等号的右边输入[2021-出生年份],在等号的左边单击鼠标右键创建变量[年龄],设置变量类型为Int32。显示为:年龄 = 2021 - 出生年份(见图3-14)。

> 提示:整数型变量可直接用运算符号表示数学运算。

图 3-14

(4)在活动面板搜索[分配]活动控件,拖拽至设计面板,在等号的右边输入[{ 2021,出生年份}],在等号的左边单击鼠标右键创建变量[数字集合],设置变量类型为Array of [T] 数组变量,[T]内选择Int32。显示为:数字集合 = { 2021,出生年份 }(见图3-15)。

> 提示:Array数组变量可存储多个相同类型的值。

图 3-15

(5)在活动面板搜索[消息框]活动控件,拖拽至设计面板,在属性面板的输入文本处输入[String.Join("-",数字集合)+" 您的年龄是:" +年龄.ToString](见图3-16和图3-17)。

> 提示:String.Join("-",数字集合)表示将数组的值用-号连接并转换为字符串。

图 3-16

图 3-17

(6)在工具栏单击[调试文件],检查调试效果(见图3-18)。

图 3-18

3.变量3:流程图—布尔型变量

(1)打开 UiPath Studio 软件,新建流程[布尔型变量],进入设计面板,在左上角单击新建流程图[布尔型变量]。

(2)在活动面板搜索[输入对话框]活动控件,拖拽至设计面板,在设计面板的[输入对话框]活动内单击鼠标右键,设置为开始节点,在属性面板的输入标签处输入["请输入一个数字"],输出结果处单击鼠标右键,新增变量[数字],设置变量类型为 Int32(见图3-19至图3-21)。变量类型在变量面板处设置。

> 提示:变量不加引号,字符串加引号。

图 3-19

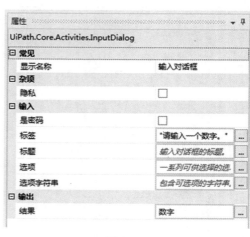

图 3-20

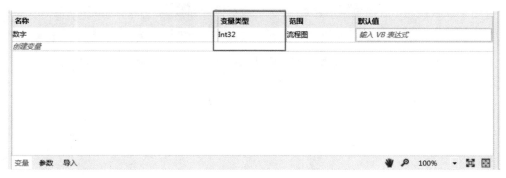

图 3-21

（3）在变量面板单击 [创建变量] 新增变量，设置名称为 [布尔型变量]，设置变量类型为 Boolean（见图 3-22）。在活动面板搜索 [分配] 活动控件，拖拽至设计面板，与上一控件进行连接，连接的箭头方向为从上往下。在等号的右边输入 [数字 mod 2=1]，在等号的左边按下键盘空格键选择变量 [布尔型变量]。显示为：布尔型变量 = 数字 mod 2=1（见图 3-23）。

> 提示：数字 mod 2=1 表示变量数字除以 2 后得出的余数为 1。

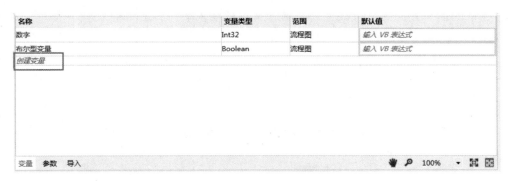

图 3-22

图 3-23

（4）在活动面板搜索[流程决策]活动控件，拖拽至设计面板，与上一控件进行连接，连接的箭头方向为从上往下。在属性面板的[条件]处按下键盘空格键后选择变量[布尔型变量]（见图3-24）。

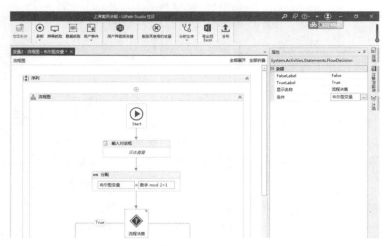

图 3-24

（5）在活动面板搜索[消息框]活动控件，拖拽至设计面板，放置在[流程决策]的左下方并连接，连接的箭头方向为从上往下。在输入文本处输入[" 您输入的数字 "＋数字.ToString+" 是奇数！ "]；再拖一个[消息框]在右下方并连接，在输入文本处输入[" 您输入的数字 "＋数字.ToString+" 是偶数！ "]（见图3-25）。

> 提示：数字.ToString指将变量数字转换为字符串。

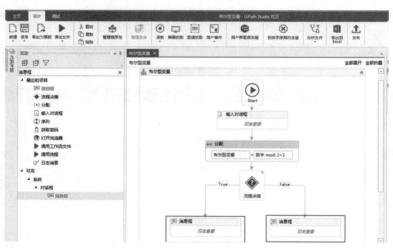

图 3-25

（6）在工具栏单击[调试文件]，检查调试效果。

调试效果1如图3-26所示。
调试效果2如图3-27所示。

图 3-26　　　　　　　　　　　图 3-27

4.变量4：序列—数组型变量

(1)打开 UiPath Studio 软件,新建流程[数组型变量],进入设计面板,在左上角单击新建序列[数组型变量]。

(2)在活动面板搜索[输入对话框]活动控件,拖拽至设计面板,在属性面板的输入标签处输入["请输入您的学校"],在输出结果处单击鼠标右键创建变量[学校],设置变量类型为 String(见图3-28)。

图 3-28

(3)在活动面板再将一个[输入对话框]活动控件拖拽至设计面板,参照步骤(2)设置变量[班级](见图3-29)。

图 3-29

(4)在活动面板再将一个[输入对话框]活动控件拖拽至设计面板,参照步骤(2)设置变量[姓名](见图3-30)。

图 3-30

(5)在活动面板搜索[分配]活动控件,拖拽至设计面板,在等号的右边输入[{学校,班级,姓名}],在等号的左边单击鼠标右键创建变量[数组型变量],设置变量类型为 Array of [T] 数组变量,[T] 内选择 String,最终变量类型显示为 String[]。显示为:数组型变量 = {学校,班级,姓名}(见图3-31)。

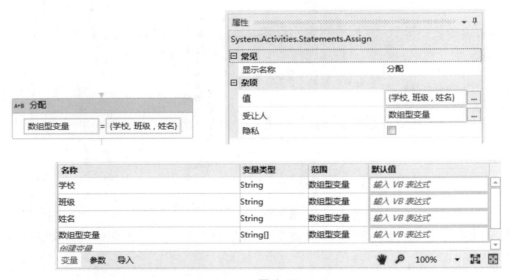

图 3-31

(6)在活动面板搜索[消息框]活动控件,拖拽至设计面板,在属性面板的输入文本处输入[数组型变量(0)+ 数组型变量(1)+ 数组型变量(2)](见图3-32)。

> 📝 提示:数组型变量(0)+数组型变量(1)+数组型变量(2)显示数组中的每一个变量,计算机语言从0开始。

图 3-32

(7)在工具栏单击[调试文件],检查调试效果(见图 3-33 和图 3-34)。

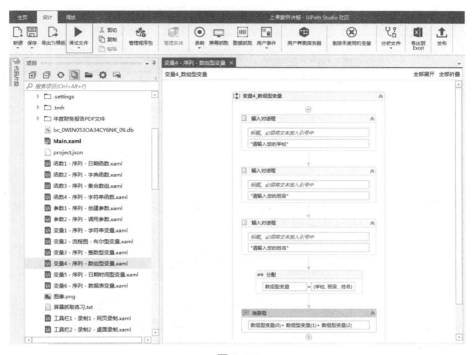

图 3-33

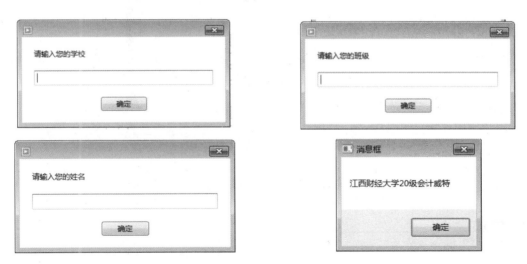

图 3-34

5.变量5:序列—日期时间型变量

(1)打开 UiPath Studio 软件,新建流程[日期时间型变量],进入设计面板,在左上角单击新建序列[日期时间型变量]。

(2)在活动面板搜索[分配]活动控件,拖拽至设计面板,在等号的右边输入[Now],在等号的左边单击鼠标右键创建变量[今天],设置变量类型为 DateTime。变量类型在变量面板处选择[浏览类型],搜索 DateTime。显示为:今天 = Now(见图 3-35)。

> 📝 提示:此处 Now 为日期时间函数,表示当前时间。

图 3-35

(3)在变量面板单击创建变量,新增变量[时间间隔],变量类型为 TimeSpan,默认值输入[1.00:00:00](见图 3-36)。变量类型在变量面板处选择[浏览类型],搜索 TimeSpan。

> 📝 提示:TimeSpan 设置 1.00:00:00 表示时间间隔为一天。

名称	变量类型	范围	默认值
今天	DateTime	变量5_日期时间	输入 VB 表达式
昨天	DateTime	变量5_日期时间	输入 VB 表达式
时间间隔	TimeSpan	变量5_日期时间	1.00:00:00
创建变量			

图 3-36

(4)在活动面板搜索[分配]活动控件,拖拽至设计面板,在等号的右边输入[今天.subtract(时间间隔)],在等号的左边单击鼠标右键创建变量[昨天],设置变量类型为 DateTime。显示为:昨天 = 今天.subtract(时间间隔)(见图 3-37)。

> 📝 提示:今天.subtract(时间间隔)表示变量今天减去变量时间间隔。

图 3-37

(5)在活动面板搜索[消息框]活动控件,拖拽至设计面板,在属性面板的输入文本处输入[昨天.ToString("yyyy-MM-dd HH:mm:ss")](见图3-38)。

> 📎 提示：昨天.ToString("yyyy-MM-dd HH:mm:ss")表示将变量[昨天]转换为指定格式的字符串变量。

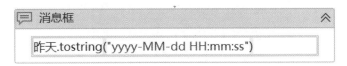

图3-38

(6)在工具栏单击[调试文件],检查调试效果(见图3-39)。

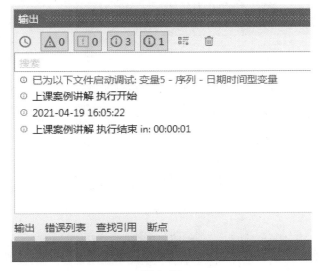

图3-39

6.变量6：序列—数据表变量

(1)打开UiPath Studio软件,新建流程[数据表变量],进入设计面板,在左上角单击新建序列[数据表变量]。

(2)在活动面板搜索[写入单元格]活动控件,拖拽至工作区,[工作簿路径]处选择练习表格.xlsx的路径,[工作表名称]和[范围]保持默认的["Sheet1"]和["A1"],输入文本处输入["UiPath"](见图3-40)。

图3-40

(3)在活动面板再拖拽一个[写入单元格]活动控件,[工作簿路径]处选择练习表格.xlsx的路径,[工作表名称]保持默认的["Sheet1"],[范围]处输入["A2"],输入文本处输入["Studio"](见图3-41)。

图3-41

(4)在活动面板搜索[读取范围]活动控件,拖拽至工作区,工作簿路径处选择练习表格.xlsx的路径,[工作表名称]和[范围]保持默认的["Sheet1"]和["A1:A2"],输出数据表处用快捷键Ctrl+K创建变量[数据表变量],变量类型保持默认的DataTable(见图3-42)。

图3-42

(5)在活动面板再拖拽一个[写入范围]活动控件,[工作簿路径]处选择练习表格.xlsx的路径,[工作表名称]和[起始单元格]分别输入["Sheet2"]和["A1"],输入数据表处按下键盘空格键后选择变量[数据表变量],勾选[添加标头](见图3-43)。

图3-43

(6)在工具栏单击[调试文件],检查调试效果(见图3-44)。

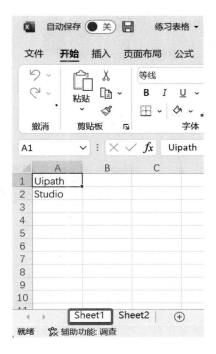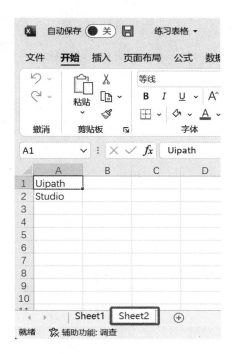

图 3-44

第四章 参数操作

一、参数介绍

参数用于将数据从一个项目传递到另一个项目。在全局意义上,它们类似于变量,因为它们动态地存储数据并传递给它。变量在活动之间传递数据,而参数在自动化之间传递数据。因此,它们使你能够一次又一次地重用自动化。

UiPath Studio 支持大量的参数类型,这些参数类型与变量的类型一致。因此,可以创建泛型值、字符串、布尔值、对象、数组或 DataTable 参数,还可以浏览 .NET 类型,就像在变量情况下一样。

此外,参数有指定的传递方向:输入、输出、输入/输出、属性。它告诉应用程序存储在它们中的信息应该放在哪里。

二、参数的创建和调用

1.参数的创建

(1)在设计面板创建(见图 4-1)。

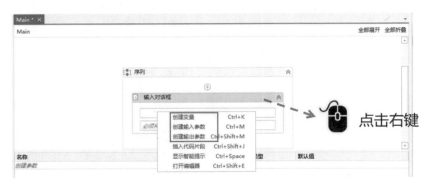

图 4-1

(2)在参数面板创建(见图 4-2)。

图 4-2

(3) 在属性面板创建(见图 4-3)。

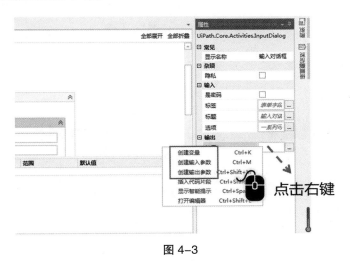

图 4-3

2.参数的调用

(1) 直接输入参数名调用(见图 4-4)。

> 📎 提示:参数创建和调用均不需要加英文引号,字符串才需要加英文引号。

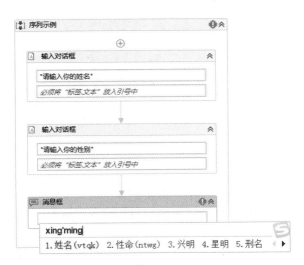

图 4-4

(2) 按下空格键后,会显示所有可用参数,用鼠标左键选择一个参数调用(见图 4-5)。

图 4-5

三、参数的操作案例

1.参数1：序列—创建参数

（1）打开 UiPath Studio 软件，新建流程 [创建参数]，进入设计面板，在左上角单击新建序列 [创建参数]。

（2）在活动面板搜索 [输入对话框] 活动控件，拖拽至设计面板，输入标签处输入 [" 请输入您想显示的内容。"]，输出结果处单击鼠标右键创建变量 [内容]，设置变量类型为 String（见图 4-6）。

图 4-6

（3）在参数面板单击创建参数新增参数 [参数练习]，设置方向为 [输出]，设置参数类型为 String（见图 4-7）。

> 📝 提示：参数有指定的传递方向——输入、输出、输入/输出、属性，根据需要进行选择。

图 4-7

(4)在活动面板搜索[分配]活动控件,拖拽至设计面板,[值]处按下空格键后选择变量[内容],等号的左边按下空格键后选择参数[参数练习]。显示为:参数练习 = 内容(见图4-8)。

图 4-8

2.参数2：序列—调用参数

(1)打开 UiPath Studio 软件,新建流程[调用参数],进入设计面板,在左上角单击新建序列[调用参数]。

(2)在活动面板搜索[调用工作流文件]活动控件,拖拽至设计面板,[工作流程文件名]处查找对应的路径,选择创建参数.xaml(见图4-9)。

图 4-9

(3)在[调用工作流文件]活动控件处单击[导入参数],[值]处单击鼠标右键创建变量[参数转变量],设置变量类型为String(见图4-10)。

图 4-10

(4)在活动面板搜索[消息框]活动控件,拖拽至设计面板,输入文本处按下键盘空格键后选择变量[参数转变量](见图4-11)。

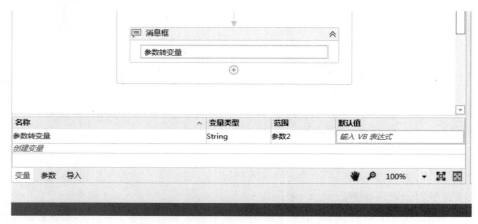

图 4-11

(5)在工具栏单击[调试文件],检查调试效果(见图4-12)。

图 4-12

第五章 工具栏操作

一、工具栏简介

工具栏如图 5-1 所示。

图 5-1

(1) 新建：此选项用于创建新序列、流程图或机器状态。

(2) 保存：此选项用于保存现有文件或自动化工作流程。

(3) 导出为模板：此选项可将当前文件或自动化工作流程另存为模板。

(4) 调试文件：此选项用于执行设计的自动化工作流程。

(5) 管理程序包：此选项用于查看项目依赖项，还可以为项目安装所需的包。

(6) 用户事件：此选项可捕获鼠标或键盘事件。

(7) 录制：此选项允许用户录制 UI 鼠标移动和键盘活动以生成自动化脚本。

(8) 屏幕抓取：此选项用于从特定屏幕的应用程序中抓取数据。

(9) 数据抓取：此选项用于抓取数据并将其存储在 Excel 文件中。

(10) 删除未使用的变量：此选项可以从工作流中删除所有未使用的变量。

(11) 导出到 Excel：此选项用于将自动化工作流程导出到 Excel 文件。

(12) 发布：此选项可将设计的自动化项目发布到 Orchestrator 服务器。

二、工具栏的操作案例

1.工具栏1：录制—网页录制

(1) 打开 UiPath Studio 软件，新建流程 [网页录制]，进入设计面板，在左上角单击新建序列 [网页录制]。

(2) 提前打开谷歌浏览器登录网站 "www.baidu.com"。在工具栏单击 [录制] 选项，在下拉框选择[网页],在弹出的[网页录制]窗口选择[打开浏览器],然后在谷歌浏览器任意位置单击,在弹出的网址处确认(见图5-2至图5-5)。

> 📝 提示:需使用谷歌浏览器,如录制失败,检查扩展程序安装。

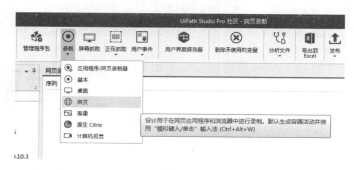

图5-2

图5-3

图5-4   图5-5

(3)在[网页录制]窗口选择[类型],在谷歌浏览器的搜索框单击,在弹出的[输入所需值]窗口输入[uipath],输入完成后按键盘Enter键(见图5-6)。类型用于模拟键盘输入动作,如弹出[使用锚点]对话框,选[否],如图5-7所示。

   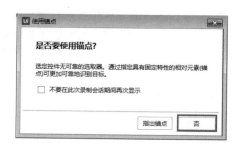

图5-6   图5-7

(4)在[网页录制]窗口选择[单击],在谷歌浏览器的[百度一下]处单击(见图5-8和图5-9)。(单击用于模拟鼠标单击动作。)

图 5-8　　　　　　　　　　　　　　　　图 5-9

(5)在[网页录制]窗口单击[保存并退出](见图5-10)。

图 5-10

(6)在工具栏单击[调试文件],检查调试效果(见图5-11)。

图 5-11

2.工具栏2:录制—桌面Word录制

(1)打开UiPath Studio软件,新建流程[桌面Word录制],进入设计面板,在左上角单击新建序列[桌面Word录制]。

(2)在工具栏单击[录制]选项,在弹出的下拉框选择[桌面]。在弹出窗口选择[启动应用程序],然后在打开的Word文档任意位置单击,在弹出的窗口单击[确定](见图5-12至图5-15)。(提前在电脑双击Word图标打开软件。)

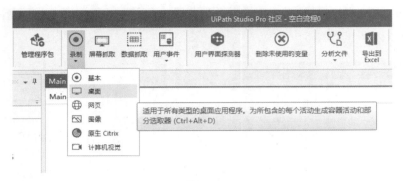

图 5-12

图 5-13

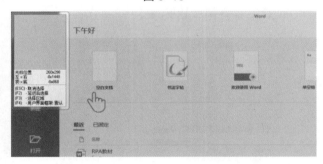

图 5-14

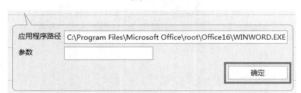

图 5-15

(3)在[桌面录制]窗口选择[单击],在 Word 的[新建]处单击,再在弹出的[空白文档]处单击,创建一个新 Word 文档,如弹出[使用锚点]对话框,选[否](见图 5-16 至图 5-18)。

图 5-16

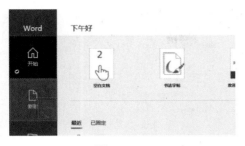
图 5-17

图 5-18

(4)在[桌面录制]窗口选择[类型],在 Word 文档的空白处单击,在弹出的[输入所需值]窗口输入[uipath],输入完成后按键盘 Enter 键(见图 5-19)。

(5)在[桌面录制]窗口单击[保存并退出](见图 5-20)。

图 5-19

图 5-20

(6)在工具栏单击[调试文件],检查调试效果(见图 5-21)。

图 5-21

3.工具栏3：录制—桌面QQ录制

(1)打开 UiPath Studio 软件,新建流程[桌面 QQ 录制],进入工作区,在左上角单击新建序列[桌面 QQ 录制]。

(2)在工具栏单击[录制]选项,在弹出的下拉框选择[桌面]。在弹出窗口选择[启动应用程序],然后在 QQ 登录界面处任意位置单击,在弹出的窗口单击[确定](见图 5-22 至图 5-25)。

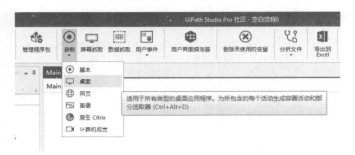

图 5-22

图 5-23

图 5-24

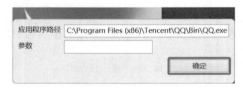

图 5-25

(3)在[桌面录制]窗口选择[类型],在QQ登录界面输入QQ号码处单击,在弹出的[输入所需值]窗口输入QQ号码,输入完成后按键盘Enter键(见图5-26和图5-27)。

图 5-26

图 5-27

(4)在[桌面录制]窗口选择[类型],在QQ登录界面输入密码处单击,在弹出的[输入所需值]窗口输入QQ密码,输入完成后按键盘Enter键(见图5-28和图5-29)。

图5-28

图5-29

(5)在[桌面录制]窗口选择[单击],在QQ登录界面的[登录]处单击,然后回到[桌面录制]窗口,单击[保存并退出](见图5-30至图5-32)。

图5-30

图5-31

图5-32

(6)在工具栏单击[调试文件],检查调试效果(见图5-33)。

图5-33

4.工具栏4：屏幕抓取—文本文档抓取

（1）打开 UiPath Studio 软件，新建流程 [文本文档抓取]，进入设计面板，在左上角单击新建序列 [文本文档抓取]。

（2）打开一个有内容的文本文档，如没有就新建一个，输入任意内容并打开文档。

（3）在工具栏单击 [屏幕抓取] 选项，在文本文档的内容处单击，在弹出的 [屏幕抓取器向导] 单击 [完成]（见图 5-34 至图 5-36）。

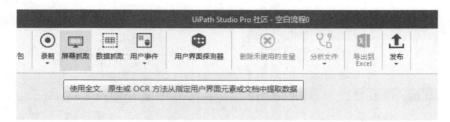

图 5-34

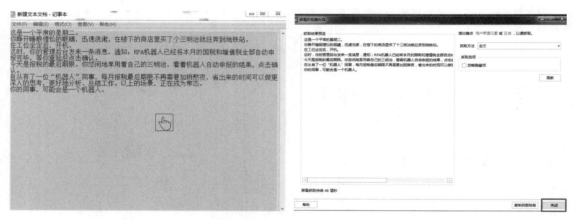

图 5-35　　　　　　　　　　　　　　图 5-36

（4）在 [变量] 面板处查看，软件已自动新增一个变量 [EditableText]，变量类型为 [GenericValue]（见图 5-37）。（GenericValue 通用值变量：可以存储任何类型的数据，是 UiPath Studio 特有的。）

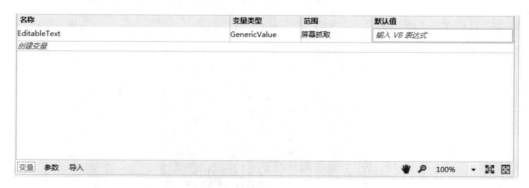

图 5-37

（5）在活动面板搜索 [消息框] 活动控件，拖拽至设计面板，输入文本处按下键盘空格键后选择

变量 [EditableText](见图 5-38)。(如选不到变量需在变量面板修改范围。)

(6)在工具栏单击 [调试文件],检查调试效果(见图 5-39)。

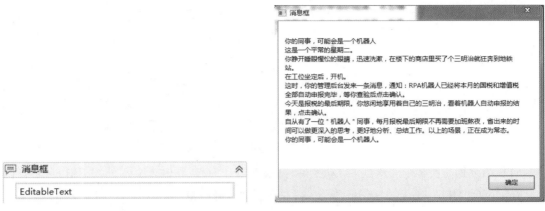

图 5-38　　　　　　　　　　　图 5-39

5.工具栏5：屏幕抓取—网页屏幕抓取

(1)打开 UiPath Studio 软件,新建流程 [网页屏幕抓取],进入设计面板,在左上角单击新建序列 [网页屏幕抓取]。

(2)在工具栏单击 [录制] 选项,使用网页录制的方式录制以下动作:用谷歌浏览器打开 www.baidu.com 网站,在搜索框输入 [uipath],然后单击 [百度一下] 进行搜索。(具体步骤参考工具栏1:网页录制。)

📝 提示：如录制失败,检查扩展程序安装。

(3)在工具栏单击 [屏幕抓取] 选项,在网站的一段文字内容处单击,在弹出的 [屏幕抓取器向导] 单击 [完成](见图 5-40 和图 5-41)。(如屏幕抓取失败,可能是未安装中文语言包的原因,选择英文内容重试。)

图 5-40　　　　　　　　　　　图 5-41

(4)在[变量]面板处查看,软件已自动新增一个变量[Div],变量类型为[GenericValue](见图5-42)。

图5-42

(5)在活动面板搜索[消息框]活动控件,拖拽至设计面板,在输入文本处按下键盘空格键后选择变量[Div](见图5-43)。(如选不到变量,需在变量面板修改范围。)

(6)在工具栏单击[调试文件],检查调试效果(见图5-44)。

图5-43   图5-44

6.工具栏6:数据抓取—股票数据抓取

(1)打开UiPath Studio软件,新建流程[股票数据抓取],进入设计面板,在左上角单击新建序列[股票数据抓取]。

(2)新建一个Excel文档[股票数据抓取.xlsx],然后使用网页录制的方式录制以下动作:用谷歌浏览器打开http://q.10jqka.com.cn/网站,录制好后向下滑动鼠标滚轮至[个股行情]处(见图5-45至图5-47)。

图5-45   图5-46

第五章
工具栏操作

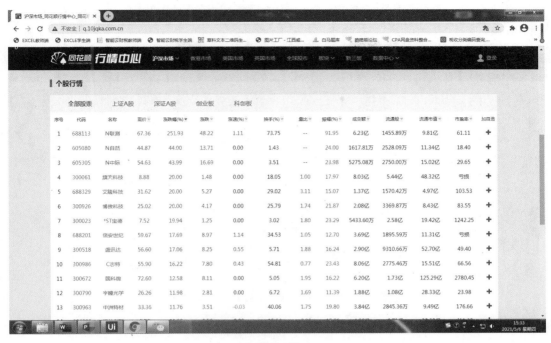

图 5-47

（3）在工具栏单击 [数据抓取] 选项，在弹出的 [提取向导] 窗口单击 [下一步]，单击 [个股行情] 的任意内容，在弹出的 [提取表] 窗口单击 [是]，再在弹出的 [提取向导] 窗口单击 [完成]，在弹出的 [指出下一个链接] 窗口单击 [否]（见图 5-48 至图 5-53）。

图 5-48

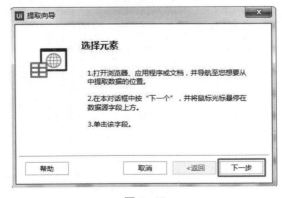

图 5-49

47

RPA机器人在财务中的应用

图 5-50

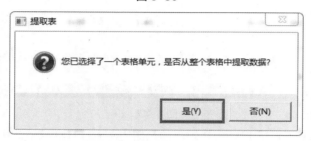

图 5-51

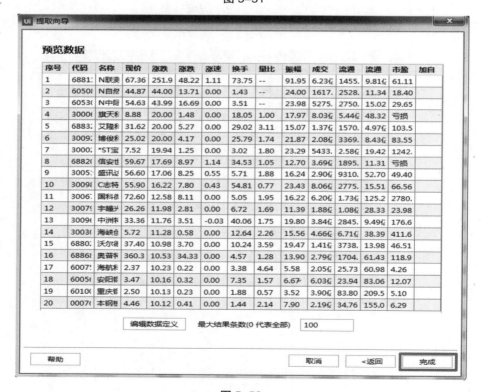

图 5-52

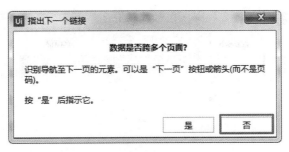

图 5-53

(4)在[变量]面板处查看,软件已自动新增一个变量[ExtractDataTable],变量类型为[DataTable](见图 5-54)。

图 5-54

(5)在活动面板搜索[写入范围]活动控件,拖拽至设计面板,[工作簿路径]处选择股票数据抓取.xlsx的路径,[工作表名称]和[起始单元格]分别输入["Sheet1"]和["A1"],输入数据表处按下键盘空格键后选择变量[ExtractDataTable],勾选[添加标头](见图 5-55 和图 5-56)。(如选不到变量,需在变量面板修改范围,调试文件后打开股票数据抓取.xlsx检查结果。)

图 5-55

图 5-56

(6)在工具栏单击[调试文件],检查调试效果(见图 5-57)。

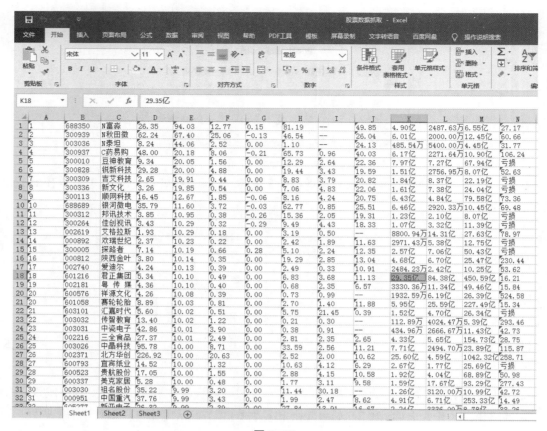

图 5-57

7.工具栏7：数据抓取—招聘数据抓取

（1）打开 UiPath Studio 软件，新建流程 [招聘数据抓取]，进入设计面板，在左上角单击新建序列 [招聘数据抓取]。

（2）新建 Excel 文档 [招聘数据抓取 .xlsx]，然后使用网页录制的方式录制以下动作：用谷歌浏览器打开 https://www.51job.com/ 网站，在搜索框内输入 [会计]，并单击 [搜索]（见图 5-58 至图 5-64）。（具体步骤参考工具栏 1：网页录制。如录制失败，检查扩展程序安装。）

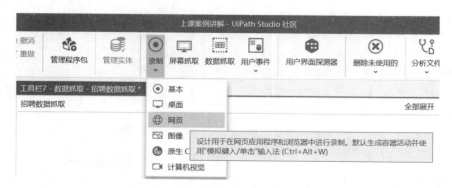

图 5-58

第五章
工具栏操作

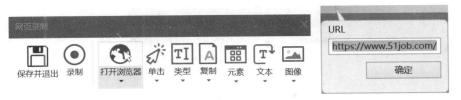

图 5-59

图 5-60

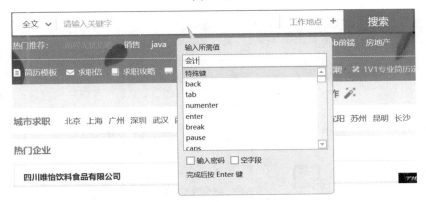

图 5-61

图 5-62

图 5-63

RPA机器人在财务中的应用

图 5-64

（3）在工具栏单击 [数据抓取] 选项，在弹出的 [选择元素] 窗口单击 [下一步] 后，单击第一个岗位，在弹出的 [选择第二个元素] 窗口单击 [下一步] 后，单击第二个岗位，再在弹出的 [配置列] 窗口的 [文本列名称] 处输入 [岗位]，然后再单击 [下一步]（见图 5-65 至图 5-70）。（由于招聘数据不是规范的表格，不能一次提取，而是需要自行配置内容。）

> 提示：每个项目选择的第一家和第二家要对应。

图 5-65

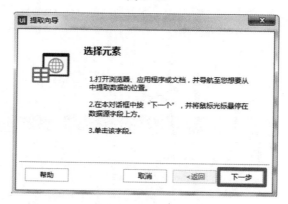

图 5-66

图 5-67

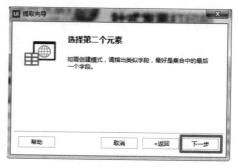

图 5-68

第五章
工具栏操作

图 5-69   图 5-70

(4)在[预览数据]窗口单击[提取相关数据]后,单击第一个工资,在弹出的[选择第二个元素]窗口单击[下一步]后,单击第二个工资,再在弹出的[配置列]窗口的[文本列名称]处输入[工资],然后再单击[下一步]。重复以上步骤,再添加两列[公司]和[要求],完成后单击[完成](见图 5-71 至图 5-80)。

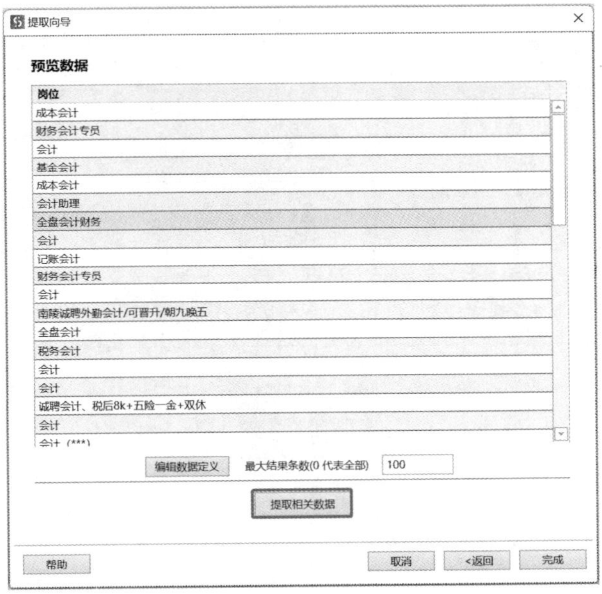

图 5-71

图 5-72

图 5-73

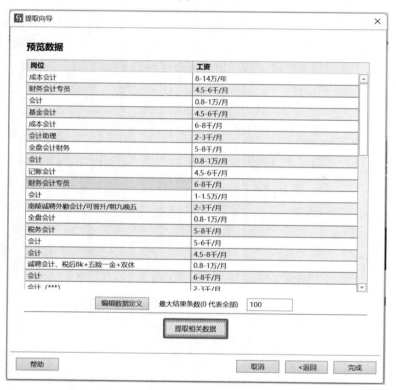

图 5-74

图 5-75

第五章
工具栏操作

图 5-76

图 5-77

图 5-78

图 5-79

图 5-80

(5)滑动鼠标滚轮至网页下方显示[下一页]的位置,在弹出的[指出下一个链接]窗口单击[是]之后,单击网页页码处向右的箭头。在变量面板将自动生成的变量范围调整至最大(见图 5-81 至图 5-83)。

> 提示:此处是点[下一页]标识,而不是第2页。

图 5-81

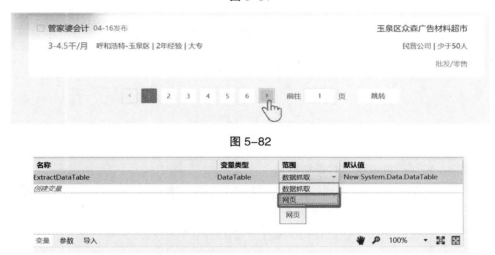

图 5-82

图 5-83

(6) 在活动面板搜索 [写入范围] 活动控件,拖拽至工作区, [工作簿路径] 处选择招聘数据抓取 .xlsx 的路径 , [工作表名称] 和 [起始单元格] 分别输入 [" Sheet1 "] 和 [" A1 "],在输入数据表处按下键盘空格键后选择变量 [ExtractDataTable],勾选 [添加标头](见图 5-84)。

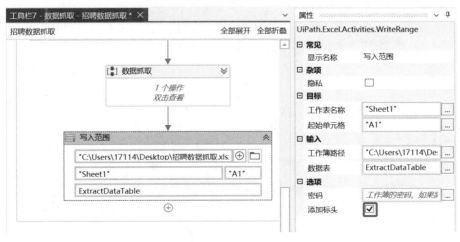

图 5-84

(7) 在工具栏单击 [调试文件],检查调试效果(见图 5-85)。

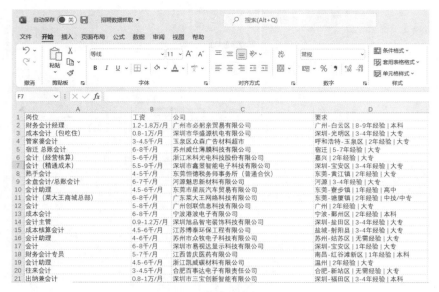

图 5-85

8.工具栏8：数据抓取—京东数据抓取

（1）新建 Excel 文档 [京东数据抓取 .xlsx]，然后使用网页录制的方式录制以下动作：用谷歌浏览器打开 https://www.jd.com/ 网站，在搜索框内输入 [发票打印机]，并单击搜索框后的放大镜。（具体步骤参考工具栏1：网页录制。如录制失败，检查扩展程序安装。）

（2）在工具栏单击 [数据抓取] 选项，在弹出的 [提取向导] 窗口单击 [下一步] 后，单击第一家店的产品名称，在弹出的 [提取向导] 窗口单击 [下一步] 后，单击第二家店的产品名称，再在弹出的[提取向导]窗口的[文本列名称]处输入[产品名称]，然后再单击[下一步]（见图5-86至图5-91）。

图 5-86

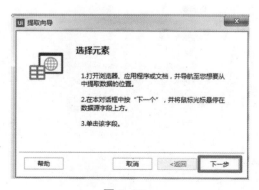

图 5-87

图 5-88

第五章
工具栏操作

图 5-89　　　　　　　　　　　　图 5-90

图 5-91

(3) 在 [提取向导] 窗口单击 [提取相关数据] 后，单击第一家店的价格，在弹出的 [提取向导] 窗口单击 [下一步] 后，单击第二家店的价格，再在弹出的 [提取向导] 窗口的 [文本列名称] 处输入 [价格]，然后再单击 [下一步]。重复以上步骤再添加一列 [店铺名]，完成后单击 [完成]（见图 5-92 至图 5-98）。（由于京东数据不是规范的表格，不能一次提取，而是需要自行配置内容。）

> 提示：每个项目选择的第一家和第二家要对应。

图 5-92　　　　　　图 5-93　　　　　　图 5-94

59

图 5-95

图 5-97

图 5-96 / 图 5-98

(4) 滑动鼠标滚轮至网页下方显示[下一页]的位置,在弹出的[指出下一个链接]窗口单击[是],之后单击网页的[下一页](见图 5-99)。

> 提示:此处是点[下一页]标识,而不是第2页。

图 5-99

(5)在活动面板搜索[写入范围]活动控件,拖拽至设计面板,[工作簿路径]处选择京东数据抓取.xlsx 的路径,[工作表名称]和[起始单元格]分别输入[" Sheet1 "]和" A1 "],输入数据表处按下键盘空格键后选择变量[ExtractDataTable],勾选[添加标头](见图 5-100)。(如选不到变量,需在变量面板修改范围。)

图 5-100

(6)在工具栏单击[调试文件],检查调试效果(见图 5-101)。(调试文件后打开京东数据抓取.xlsx 检查结果。)

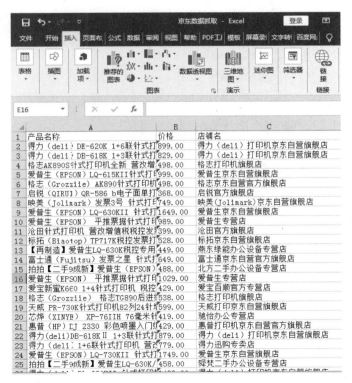

图 5-101

第六章

活动操作

一、活动简介

活动是在 UiPath 中可以使用的控件，用于组成参与流程运行的部门，可以在活动中设置属性、创建变量等。

二、活动的操作案例

1.案例01：序列—IF条件判断

IF 条件判断是指编程语言（包括 C 语言、C#、Python、Java、汇编语言等）中用来判定所给定的条件是否满足，根据判定的结果（真或假）决定执行给出的两种操作之一。

（1）打开 UiPath Studio 软件，新建一个序列。

（2）为序列命名并设置存储路径。

（3）在活动面板搜索 [输入对话框]，并将 [输入对话框] 控件拖至设计面板。

（4）为 [输入对话框] 控件命名标题及标签。

（5）为 [输入对话框] 输入的内容设置变量（设置变量时按 Ctrl+K 后输入变量名）。

（6）在变量面板里设置变量数据类型。

（7）在活动面板里搜索 [IF 条件] 控件，并拖至设计面板。

（8）在 [IF 条件] 控件的 [Condition] 中输入表达式。

（9）在活动面板里搜索 [消息框] 控件，并拖至设计面板，用来做结果输入。

（10）单击 [调试文件] 运行，输入分数及输出结果。

案例图示如图 6-1 所示。

调试效果如下：

调试效果 1 如图 6-2 所示。

调试效果 2 如图 6-3 所示。

2.案例02：流程图—流程决策

流程决策是一个条件节点，它根据指定条件是否成立来控制流程的两个分支。

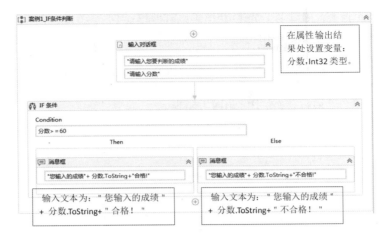

图 6-1

图 6-2

图 6-3

当条件为 True 时,流程执行一个分支;

当条件为 False 时,流程执行另外一个分支。

(1) 打开 UiPath Studio 软件,新建一个流程图。

(2) 为流程图命名并设置存储路径。

(3) 在活动面板中搜索 [输入对话框],并将 [输入对话框] 控件拖至设计面板。

(4) 为 [输入对话框] 控件命名标题及标签。

(5) 为 [输入对话框] 输入的内容设置变量(设置变量时按 Ctrl+K 后输入变量名)。

(6) 在变量面板里设置变量数据类型。

(7) 在活动面板搜索 [流程决策] 控件,拖至设计面板。

(8) 进入 [流程决策] 的 [条件],填写判定闰年的表达式。

(9)在活动面板里搜索[消息框]控件,并拖至设计面板,用来做结果输入。
(10)在[消息框]控件中添加输出消息。

> 📝 提示:因输出结果中含有字符串,所以年份year需转换成String统一类型。

(11)单击[调试文件]运行,输入年份及输出结果。
案例图示如图6-4所示。

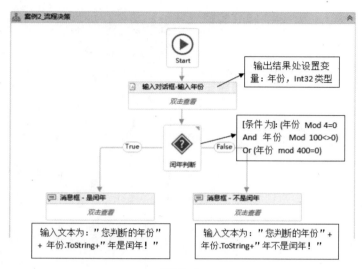

图6-4

调试效果如下:
调试效果1如图6-5所示。

图6-5

调试效果2如图6-6所示。

图6-6

3.案例03：流程图—遍历循环

遍历循环：循环迭代一个列表、数组或其他类型的集合，可以遍历并分别处理每条信息。

(1)打开 UiPath Studio 软件，新建一个流程图。

(2)为流程图命名并设置存储路径。

(3)在活动面板中搜索[分配]，并将[分配]控件拖至设计面板。

(4)在[分配]中设置变量，并为集合写入数据。

(5)在活动面板中搜索[遍历循环]，并将[遍历循环]控件拖至设计面板。

(6)在[遍历循环]控件里设置变量，并添加[日志消息]控件，用来输出清单数据。

(7)单击[调试文件]运行，单击输出面板查看执行结果。

案例图示如图 6-7 和图 6-8 所示。

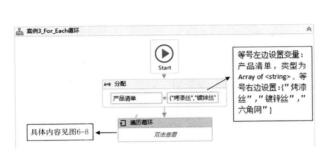

图 6-7　　　　　　　　　　图 6-8

调试效果如图 6-9 所示。

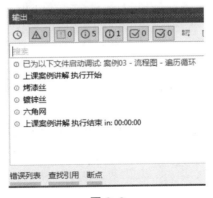

图 6-9

4.案例04：流程图—先条件循环

先条件循环：先判断条件是否满足，如果满足，再执行循环体，直到判断条件不满足，则跳出循环。

(1)打开 UiPath Studio 软件，新建一个流程图。

(2)为流程图命名并设置存储路径。

(3)在活动面板中搜索[输入对话框]，在输出结果处创建变量[年龄]，类型为 Int32。

(4)在[变量]面板创建变量[年份]，类型为 Int32，默认值为[2021]。

(5)在活动面板中搜索[先条件循环],并将[先条件循环]控件拖至工作区。

(6)在[先条件循环]控件中的[条件]填写判断表达式,并在[先条件循环]控件的[正文]中添加[分配]控件,填写年龄变量和年份变量每次循环+1的表达式。

(7)在[先条件循环]控件的[正文]中添加[消息框],用来显示年龄的值。

(8)单击[调试文件]运行,在输出面板中查看运行结果。

案例图示如图6-10至图6-12所示。

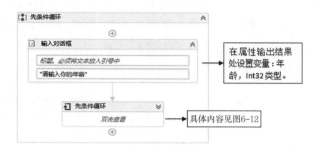

图 6-10

图 6-11

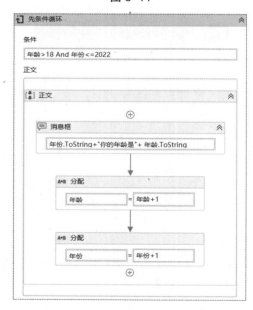

图 6-12

调试效果如下：

调试效果 1 如图 6-13 所示。

图 6-13

调试效果 2 如图 6-14 所示。

图 6-14

5.案例05：流程图—后条件循环

后条件循环：先执行循环体，再判断条件是否满足，如果满足，则再次执行循环体，直到判断条件不满足，则跳出循环。

(1) 打开 UiPath Studio 软件，新建一个流程图。

(2) 为流程图命名并设置存储路径。

(3) 在活动面板中搜索 [输入对话框]，在输出结果处创建变量 [年龄]，类型为 Int32。

(4) 在 [变量] 面板创建变量 [年份]，类型为 Int32，默认值为 [2021]。

(5) 在活动面板中搜索 [后条件循环]，并将 [后条件循环] 控件拖至工作区。

(6) 在 [后条件循环] 控件的 [正文] 中添加 [消息框]，用来显示年龄的值。

(7) 在 [后条件循环] 控件的 [正文] 中添加两个 [分配] 控件，填写年龄变量和年份变量每次循环 +1 的表达式，并在 [后条件循环] 控件中的 [条件] 填写判断表达式。

> ✏️ 提示：先条件循环是先判断后循环，就是先判断是否满足循环条件，然后再选择是否执行循环，也就是循环可以一次也不执行；而后条件循环是先循环后判断，也就是先执行循环里的活动，然后再进行判断，这样的话循环至少要执行一次。

(8) 单击 [调试文件] 运行，在输出面板中查看运行结果。

案例图示如图 6-15 至图 6-17 所示。

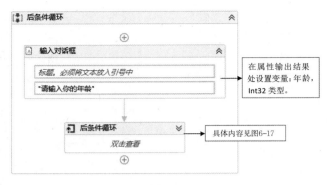

图 6-15

图 6-16　　　　　　　　　　　图 6-17

调试效果如下：

调试效果 1 如图 6-18 所示。

图 6-18

调试效果 2 如图 6-19 所示。

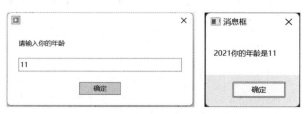

图 6-19

6. 案例06：序列—循环嵌套

循环嵌套：也叫多层循环和多重循环，指一个循环体内又包含另一个完整的循环结构。

（1）打开 UiPath Studio 软件，新建一个序列，为序列命名并设置存储路径。

（2）在变量面板定义变量 a 及 b，设置变量类型、初始值、变量使用范围。

（3）在序列里添加 [后条件循环] 控件并设置相应的条件。

（4）在 [后条件循环] 的 [正文] 里再添加一个 [后条件循环] 控件并设置相应的条件（后文用 [后条件循环 2] 表示）。

（5）在 [后条件循环 1] 的 [正文] 内添加一个 [分配]，用来设置变量 a 以及 a 循环 +1 的表达式。

（6）在 [后条件循环 2] 的 [正文] 内添加序列，并在序列里添加一个 [日志消息]，用来输出信息并设置输出信息表达式。

> 提示：因为输出结果中含有字符串，所以需要把变量 a、b 格式转换成字符串类型。

（7）在 [后条件循环 2] 的 [日志消息] 后添加一个 [分配]，用来设置变量 b 以及 b 循环 +1 的表达式。

（8）单击 [调试文件] 运行流程，在输出面板中查看运行结果。

案例图示如图 6-20 和图 6-21 所示。

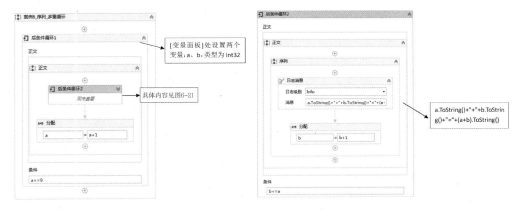

图 6-20　　　　　　　　图 6-21

调试效果如图 6-22 所示。

图 6-22

7.案例07：流程图—流程图

流程图：用于更复杂的业务逻辑。与序列不同的是，流程图提供了多个分支逻辑运算符，可以使用流程图创建复杂的业务流程并以多种方式连接每个活动。

(1)打开 UiPath Studio 软件，新建一个流程图，为流程图命名并设置存储路径。

(2)在流程中添加一个[分配]，用来生成随机数；添加一个[输入对话框]来输入猜的数字。

(3)在[分配]中定义一个变量，用来传递生成的随机数以及填写生成随机数的表达式。

(4)设置[输入对话框]标题、标签并定义一个变量用于传递输入的数字。

(5)添加一个[流程决策]，用来判断输入的数字是否等于生成的随机数，在[流程决策]的[条件]中填写判断表达式。

(6)判断是否相等，添加一个[消息框]提示并添加一个[流程决策]用来判断输入的数字与随机数的大小。

(7)在后一个[流程决策]的[条件]中写入判断大小表达式。

(8)添加猜大了与猜小了的弹窗提示，并填写提示信息。

(9)连接猜错的弹窗与输入弹窗的连线，猜错时继续输入，直到猜对为止。

(10)单击[调试文件]运行流程，查看结果。

案例图示如图6-23所示。

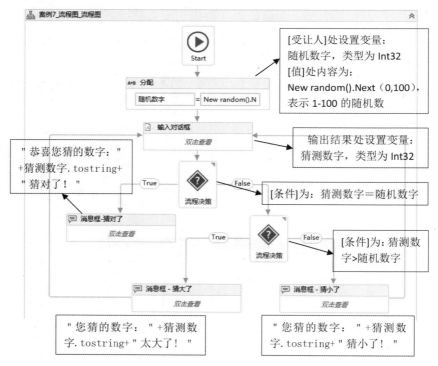

图6-23

调试效果如图6-24所示。

图 6-24

8.案例08：流程图—中断

中断：用于结束当前循环。

(1)打开 UiPath Studio 软件，新建一个流程图，为流程图命名并设置存储路径。

(2)添加一个 [分配] 用作数据源，添加一个 [遍历循环]。

(3)在 [遍历循环] 的 [正文] 中添加一个 [分配] 用作累加，添加 [日志消息] 用来输出遍历的数据。

(4)在 [分配] 里设置变量，填写累加表达式，在 [日志消息] 里添加输出信息内容。

(5)添加 [IF 条件]，并在 [Condition] 填写判断表达式，添加 [中断] 控件，当条件满足时，停止遍历。

(6)在流程图添加一个 [日志消息]，用来输出累加的值。

(7)单击 [调试文件] 运行流程，在输出面板中查看结果。

案例图示如图 6-25 和图 6-26 所示。

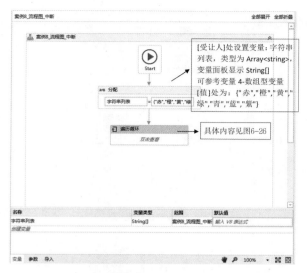

图 6-25　　　　　　　　　　　　　　　图 6-26

调试效果如图 6-27 所示。

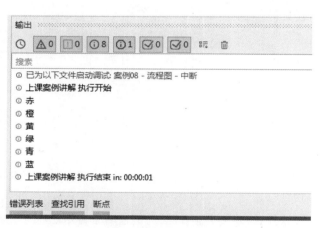

图 6-27

9.案例09：流程图—继续

继续：跳过当前遍历循环内的迭代，结束本次循环。

(1) 打开 UiPath Studio 软件，新建一个流程图，为流程图命名并设置存储路径。

(2) 添加一个 [分配] 用作数据源，添加一个 [遍历循环]。

(3) 在 [遍历循环] 的 [正文] 中添加 [IF 条件] 控件，用来判断是奇数还是偶数。

(4) 在 [IF 条件] 控件的 [Then] 中添加 [继续]，当为奇数时，跳过，继续执行后续操作。

(5) 在 [遍历循环] 的 [正文] 中添加一个 [分配] 用作累加，添加 [日志消息] 用来输出遍历的数据。

(6) 在 [分配] 里设置变量，填写累加表达式，在 [日志消息] 里添加输出信息内容。

(7) 单击 [调试文件] 运行流程，在输出面板中查看结果。

> 📝 提示：当遇到中断时，跳出整个循环；当遇到继续时，跳过此次循环，继续后续操作。

案例图示如图 6-28 和图 6-29 所示。

图 6-28

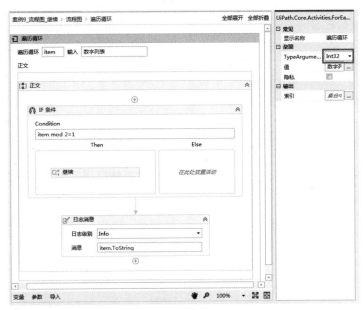

图 6-29

调试效果如图 6-30 所示。

图 6-30

10.案例10：序列—鼠标操作元素

鼠标操作的介绍：模拟用户使用鼠标操作的一种行为，例如单击、双击和悬停，根据作用对象的不同可以分为对元素的操作、对文本的操作和对图像的操作。

(1)打开 UiPath Studio 软件，新建一个序列，为序列命名并设置存储路径。

(2)在活动面板中搜索[打开浏览器]，并将其拖至设计面板，在URL处填写[" www.baidu. com "]，并在浏览器类型处下拉选择 Chrome，设置为谷歌浏览器。

(3)在活动面板中搜索[悬停]，并将[元素]—[鼠标]下的[悬停]拖至设计面板，且在[指出浏览器中的元素]处单击并设置悬浮元素的对象为页面右上角标签中的[更多]。

(4)在活动面板中搜索[单击]，并将[元素]—[鼠标]下的[单击]拖至设计面板，且在[指出浏览器中的元素]处单击并设置单击元素的对象为[更多]页面的[百科]。

> 提示：由于无法直接通过UiPath选中隐藏在下拉窗口的[百科]，可在网页上[指出浏览器中的元素]处按住F2暂停3秒，在3秒的时间内将鼠标悬停在[更多]并在下拉页面右下角快速单击鼠标右键，等待3秒结束即可选中[百科]。

(5)在活动面板中搜索[双击]，并将[元素]—[鼠标]下的[双击]拖至设计面板，且设置双击元素的对象为[创建词条]。

(6)单击[调试文件]运行。

案例图示如图 6-31 至图 6-35 所示。

图 6-31

图 6-32

第六章
活动操作

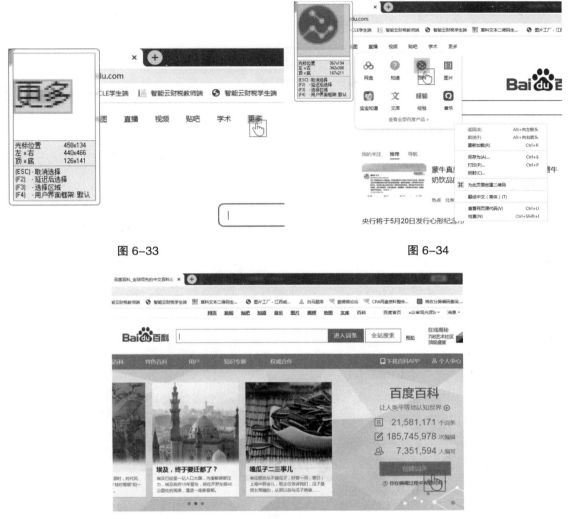

图 6-33　　　　　　　　　　　　图 6-34

图 6-35

11.案例11：序列—鼠标操作文本

（1）打开 UiPath Studio 软件，新建一个序列，为序列命名并设置存储路径。

（2）在活动面板中搜索 [打开浏览器]，并将其拖至设计面板，在 URL 处填写 [" baidu.com "]，并在浏览器类型处下拉选择 Chrome，设置为谷歌浏览器。

（3）在活动面板中搜索 [悬停文本]，并将 [文本]—[鼠标] 下的 [悬停文本] 拖至设计面板，且设置悬停的文本为 [更多]，拾取的对象为菜单栏整个区域，进入 [更多] 界面。

（4）在活动面板中搜索 [单击文本]，并将 [文本]—[鼠标] 下的 [单击文本] 拖至设计面板，且设置单击的文本为 [百科]，拾取的对象为菜单栏整个区域，进入 [百科] 页面。

（5）在活动面板中搜索 [双击文本]，并将 [文本]—[鼠标] 下的 [双击文本] 拖至设计面板，且设置单击的文本为 [创建词条]，拾取的对象为菜单栏整个区域。

（6）单击 [调试文件] 运行。

案例图示如图 6-36 至图 6-39 所示。

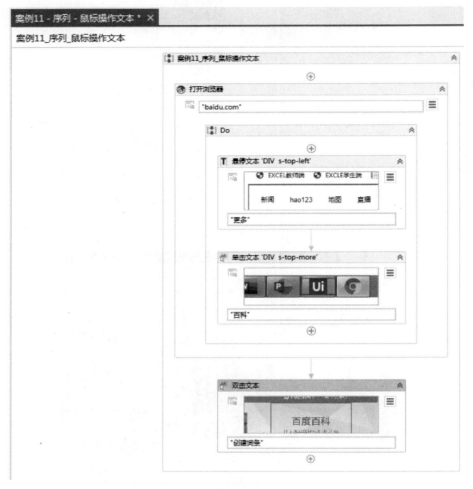

图 6-36

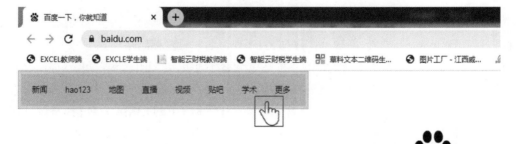

图 6-37

图 6-38

图 6-39

12.案例12：序列—鼠标操作图像

(1)打开 UiPath Studio 软件,新建一个序列,为序列命名并设置存储路径。

(2)在活动面板中搜索[打开浏览器],并将其拖至设计面板,在 URL 处填写[" www.baidu.com "]并在[浏览器类型]处下拉选择 Chrome,设置为谷歌浏览器。

(3)在活动面板中搜索[悬停图像],并将[图像]—[鼠标]下的[悬停图像]拖至设计面板,且设置悬停的图像为图片[更多]。

(4)在活动面板中搜索[单击图像],并将[图像]—[鼠标]下的[单击图像]拖至设计面板,且设置单击的图像为图片[百科]。

(5)在活动面板中搜索[输入信息],设置要输入的内容。

(6)在活动面板中搜索[单击图像],并将[图像]—[鼠标]下的[单击图像]拖至设计面板,且设置单击的图像为图片[进入词条]。

(7)在活动面板中搜索[双击图像],并将[图像]—[鼠标]下的[双击图像]拖至设计面板,且设置双击的图像为图片[会计]。

(8)单击[调试文件]运行。

案例图示如图6-40至图6-45所示。

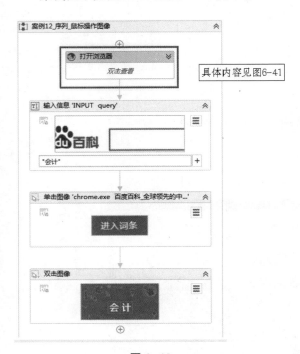

图6-40

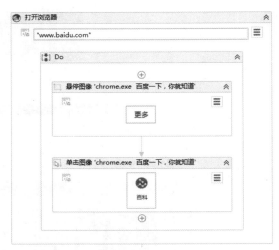

图6-41

图6-42

第六章

活动操作

图 6-43

图 6-44

图 6-45

13. 案例13：序列—键盘操作

键盘操作：模拟用户使用键盘操作的一种行为，例如使用发送热键、输入信息的操作。

（1）打开 UiPath Studio 软件，新建一个序列，为序列命名并设置存储路径。

（2）在活动面板中搜索 [打开浏览器]，并将其拖至设计面板，在 URL 处填写 [" baidu.com "]，并在 [浏览器类型] 处下拉选择 Chrome，设置为谷歌浏览器。

（3）在活动面板中搜索 [输入信息]，并将其拖至设计面板，单击百度搜索的输入框且设置键盘输入的文本为 [Uipath]。

（4）在活动面板中搜索 [单击]，并将 [元素]—[鼠标] 下的 [单击] 拖至设计面板，设置区域为 [百度一下] 的搜索框。

（5）单击 [调试文件] 运行。

案例图示如图 6-46 所示。

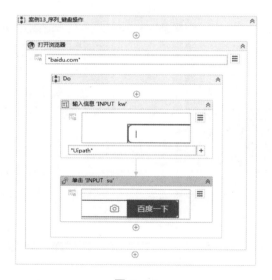

图 6-46

14. 案例14：序列—剪贴板操作

剪贴板操作：模拟用户使用剪贴板操作的一种行为，例如使用设置剪贴板、从剪贴板获取的操作。

（1）打开 UiPath Studio 软件，新建一个序列，为序列命名并设置存储路径。

（2）在活动面板中搜索 [打开浏览器]，并将其拖至设计面板，且设置打开网站，运行该流程 https://www.baidu.com/。

（3）在活动面板中搜索 [读取文本文件]，并将其拖至设计面板，[文件]—[文件名] 选择剪贴板文件 .txt 的路径，输出内容处设置变量 [文本内容]。

（4）在活动面板中搜索 [设置为剪贴板]，并将其拖至设计面板，在输入文本处选择变量 [文本内容]。

（5）在活动面板中搜索 [从剪贴板获取]，并将其拖至设计面板，在属性区域设置输出变量为 [剪

贴板内容]。

（6）在活动面板中搜索 [输入信息]，并将其拖至设计面板，在网站的搜索框单击并设置输入文本为变量 [剪贴板内容]。

（7）在活动面板中搜索 [单击]，并将 [元素]—[鼠标] 下的 [单击] 拖至设计面板，[指出浏览器中的位置] 选取的位置为网页的 [百度一下] 处。

（8）单击调试文件运行。

案例图示如图 6-47 所示。

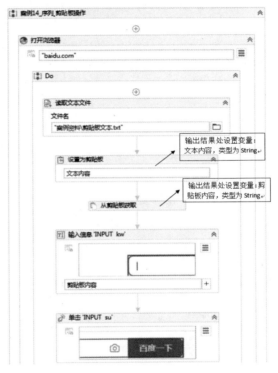

图 6-47

调试效果如图6-48所示。

图 6-48

15. 案例15：流程图—存在文本

存在文本：检查是否在给定的 UI 元素中找到了文本，输出的是一个布尔值。

（1）打开 UiPath Studio 软件，新建一个序列，为序列命名并设置存储路径。

（2）在活动面板中搜索 [打开浏览器]，并将其拖至设计面板，且设置打开网站，运行该流程 https://www.baidu.com/。

（3）在活动面板中搜索 [存在文本]，并将其拖至设计面板的 [打开浏览器] 的 [Do] 中，设置输入文本为 [" 新闻 "]，[输出存在] 设置变量 [判断]，类型为 Boolean。

（4）在活动面板中搜索 [流程决策]，并将其拖至设计面板，在属性区域设置 [条件] 为变量 [判断]。

（5）在活动面板中搜索两个 [消息框]，并将其拖至设计面板，分别置于 [流程决策] 下方的左右两边，设置好内容。

（6）单击 [调试文件] 运行。

案例图示如图 6-49 和图 6-50 所示。

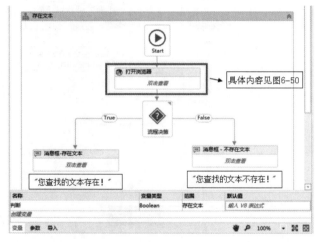

图 6-49

图 6-50

调试效果如图 6-51 所示。

图 6-51

16.案例16：流程图—存在元素

存在元素:验证 UI 元素是否存在,即使它不可见,输出的是一个布尔值。

(1)打开 UiPath Studio 软件,新建一个序列,为序列命名并设置存储路径。

(2)在活动面板中搜索 [打开浏览器],并将其拖至设计面板,且设置打开网站,运行该流程 https://www.baidu.com/。

(3)在活动面板中搜索 [存在元素],并将其拖至设计面板,[指出浏览器中的元素] 选取网页上的 [登录] 元素,设置 [输出存在] 为变量 [存在登录],变量类型为 Boolean。

(4)在活动面板中搜索 [流程决策],条件为变量 [存在登录]。

(5)在活动面板中搜索 [单击],并将其拖至设计面板,放置在流程决策的左下方,[指明在屏幕上] 选取网页上的 [登录] 元素。

(6)在活动面板中搜索 [消息框],并将其拖至设计面板,放置在流程决策的右下方并设置内容。

(7)单击 [调试文件] 运行。

案例图示如图 6-52 至图 6-54 所示。

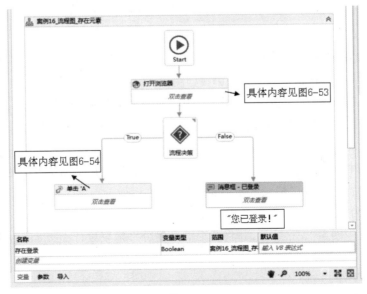

图 6-52

图 6-53

图 6-54

调试效果如图6-55所示。

图 6-55

17.案例17：流程图—存在图像

存在图像：检查是否在指定的UI元素中找到图像，输出的是一个布尔值。

（1）打开 UiPath Studio 软件，新建一个序列，为序列命名并设置存储路径。

（2）在活动面板中搜索 [打开浏览器]，并将其拖至设计面板，且设置打开网站，运行该流程 https://www.baidu.com/。

（3）在活动面板中搜索 [存在图像]，并将其拖至设计面板，[指出浏览器中的屏幕截图] 在网页上截取任意一张图片，在属性区域设置输出变量为 [存在图像]。

（4）在活动面板中搜索 [流程决策]，条件为变量 [存在图像]。

（5）在活动面板中搜索 [消息框]，并将两个消息框分别拖至设计面板 [流程决策] 的左下方和右下方，设置内容。

（6）单击 [调试文件] 运行。

案例图示如图 6-56 和图 6-57 所示。

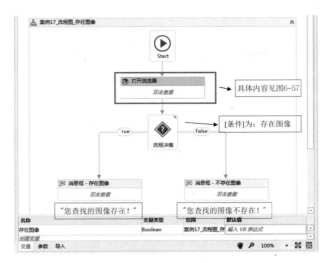

图 6-56

图 6-57

调试效果如图 6-58 所示。

图 6-58

18. 案例18：序列—Excel读取操作

Excel 读取操作：模拟用户读取 Excel 单元格、读取行、读取列或读取范围。

(1) 打开 UiPath Studio 软件，新建一个序列，为序列命名并设置存储路径。

(2) 使用[Excel 应用程序范围]控件，选择 Excel 文件路径，在[执行]中使用[读取单元格]控件(选取路径为：[可用]—[应用程序集成]—[Excel])，输入要读取单元格["A1"]，定义变量[单元格]。

(3) 使用[消息框]控件，输出变量：单元格的内容。

(4)使用[读取行]控件,读取从单元格A1开始一行的值,定义变量:行。

(5)使用[遍历循环]控件,遍历行数组,输出该行中每个单元格的内容。

(6)使用[读取列]控件,读取从单元格A1开始一列的值,定义变量:列。

(7)使用[遍历循环]控件,遍历列数组,输出该列中每个单元格的内容。

(8)使用[读取范围]控件,读取指定范围,定义变量:范围。

(9)使用[输出数据表]控件,可获取范围单元格的内容,并将其转化为String类型。

(10)使用[消息框],输出范围单元格的内容。

(11)单击[调试文件]运行。

案例图示如图6-59至图6-61所示。

> 提示:Excel操作有两种方式:第一种是直接选取路径[系统]—[文件]—[工作簿]下的相关控件,此方法适用于个别Excel操作;第二种是先使用[Excel应用程序范围]控件,再在该控件内选择路径[可用]—[应用程序集成]—[Excel]下的相关控件,此方法适用于同一路径下很多Excel相关操作。实际操作时按需选择。

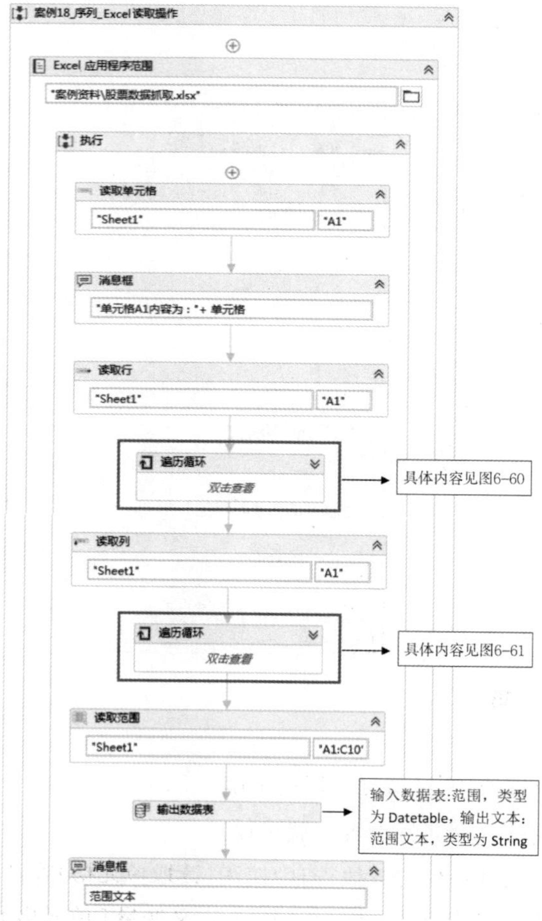

图6-59

图6-60

图6-61

调试效果如图6-62所示。

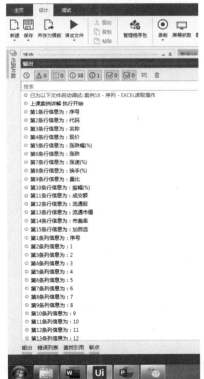

图 6-62

19.案例19：序列—Excel写入操作

Excel写入操作：模拟用户在指定一个单元格或单元格范围写入内容。

(1)打开UiPath Studio软件,新建一个序列,为序列命名并设置存储路径。

(2)使用[写入单元格]控件,输入Excel文件路径,在输入文本属性中键入["hello!"]。

(3)使用[写入单元格]控件,输入Excel文件路径,在输入文本属性中键入["uipath"]。

(4)使用[写入单元格]控件,输入Excel文件路径,在输入文本属性中键入["=A1&B1"]。

(5)使用[读取范围]控件,输入Excel文件路径,读取A2到E2范围的数据,保存到变量[银行账单]中。

(6)使用[写入范围]控件,从A2行开始写入数据。

(7)使用[读取范围]控件,输入Excel文件路径,读取从单元格A4开始范围的数据。

(8)使用[写入范围]控件,输入Excel文件路径,写入上一步骤中从单元格A4开始范围的数据。

(9)单击[调试文件]运行。

案例图示如图6-63所示。

图6-63

调试效果如图6-64所示。

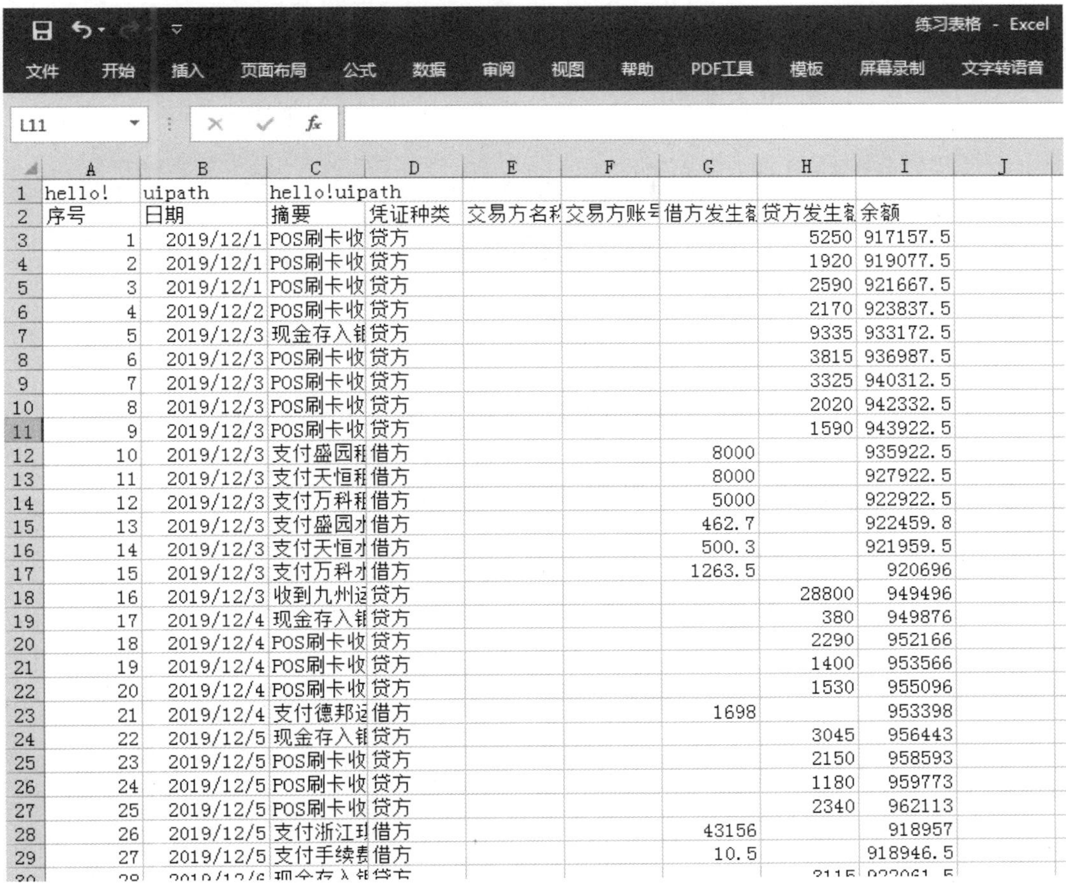

	A	B	C	D	E	F	G	H	I	J
1	hello!	uipath	hello!uipath							
2	序号	日期	摘要	凭证种类	交易方名称	交易方账号	借方发生额	贷方发生额	余额	
3	1	2019/12/1	POS刷卡收	贷方				5250	917157.5	
4	2	2019/12/1	POS刷卡收	贷方				1920	919077.5	
5	3	2019/12/1	POS刷卡收	贷方				2590	921667.5	
6	4	2019/12/2	POS刷卡收	贷方				2170	923837.5	
7	5	2019/12/3	现金存入银	贷方				9335	933172.5	
8	6	2019/12/3	POS刷卡收	贷方				3815	936987.5	
9	7	2019/12/3	POS刷卡收	贷方				3325	940312.5	
10	8	2019/12/3	POS刷卡收	贷方				2020	942332.5	
11	9	2019/12/3	POS刷卡收	贷方				1590	943922.5	
12	10	2019/12/3	支付盛园租	借方			8000		935922.5	
13	11	2019/12/3	支付天恒租	借方			8000		927922.5	
14	12	2019/12/3	支付万科租	借方			5000		922922.5	
15	13	2019/12/3	支付盛园水	借方			462.7		922459.8	
16	14	2019/12/3	支付天恒水	借方			500.3		921959.5	
17	15	2019/12/3	支付万科水	借方			1263.5		920696	
18	16	2019/12/3	收到九州运	贷方				28800	949496	
19	17	2019/12/4	现金存入银	贷方				380	949876	
20	18	2019/12/4	POS刷卡收	贷方				2290	952166	
21	19	2019/12/4	POS刷卡收	贷方				1400	953566	
22	20	2019/12/4	POS刷卡收	贷方				1530	955096	
23	21	2019/12/4	支付德邦运	借方			1698		953398	
24	22	2019/12/5	现金存入银	贷方				3045	956443	
25	23	2019/12/5	POS刷卡收	贷方				2150	958593	
26	24	2019/12/5	POS刷卡收	贷方				1180	959773	
27	25	2019/12/5	POS刷卡收	贷方				2340	962113	
28	26	2019/12/5	支付浙江丰	借方			43156		918957	
29	27	2019/12/5	支付手续费	借方			10.5		918946.5	

图 6-64

20.案例20：序列—Excel修改操作

Excel 修改操作：模拟用户在特定位置添加或删除指定数量的行或列。

(1) 打开 UiPath Studio 软件，新建一个序列，为序列命名并设置存储路径。

(2) 使用 [Excel 应用程序范围] 控件，打开指定 Excel 文件。

(3) 使用 [插入 / 删除行] 控件，[输入]—[更改模式] 字段的值选择 [Remove]，[目标]—[位置] 设置为 3，[无行] 设置为 1。

(4) 使用 [插入 / 删除行] 控件，[输入]—[更改模式] 字段的值选择 [Add]，[目标]—[位置] 设置为 3，[无行] 设置为 1。

(5) 使用 [插入 / 删除列] 控件，[输入]—[更改模式] 字段的值选择 [Remove]，[目标]—[位置] 设置为 3，[无列] 设置为 1。

(6) 使用 [插入 / 删除列] 控件，[输入]—[更改模式] 字段的值选择 [Add]，[目标]—[位置] 设置为 3，[无列] 设置为 1。

(7) 单击 [调试文件] 运行。

案例图示如图 6-65 至图 6-69 所示。

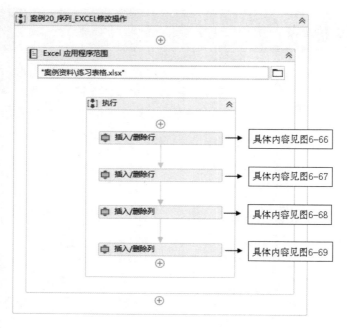

图 6-65

图 6-66

图 6-67

图 6-68

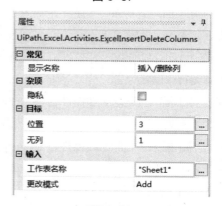

图 6-69

调试效果如下：

(1)调试前如图 6-70 所示。

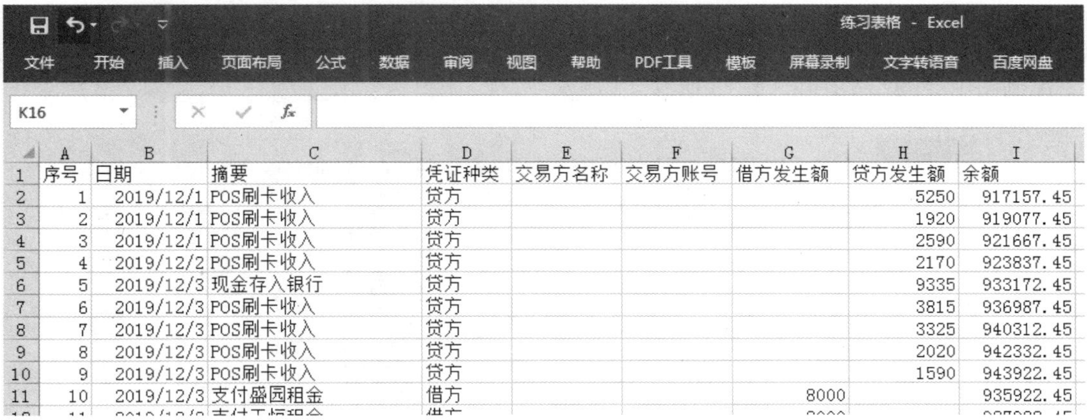

	A	B	C	D	E	F	G	H	I
1	序号	日期	摘要	凭证种类	交易方名称	交易方账号	借方发生额	贷方发生额	余额
2	1	2019/12/1	POS刷卡收入	贷方				5250	917157.45
3	2	2019/12/1	POS刷卡收入	贷方				1920	919077.45
4	3	2019/12/1	POS刷卡收入	贷方				2590	921667.45
5	4	2019/12/2	POS刷卡收入	贷方				2170	923837.45
6	5	2019/12/3	现金存入银行	贷方				9335	933172.45
7	6	2019/12/3	POS刷卡收入	贷方				3815	936987.45
8	7	2019/12/3	POS刷卡收入	贷方				3325	940312.45
9	8	2019/12/3	POS刷卡收入	贷方				2020	942332.45
10	9	2019/12/3	POS刷卡收入	贷方				1590	943922.45
11	10	2019/12/3	支付盛园租金	借方			8000		935922.45

图 6-70

(2)调试后如图 6-71 所示。

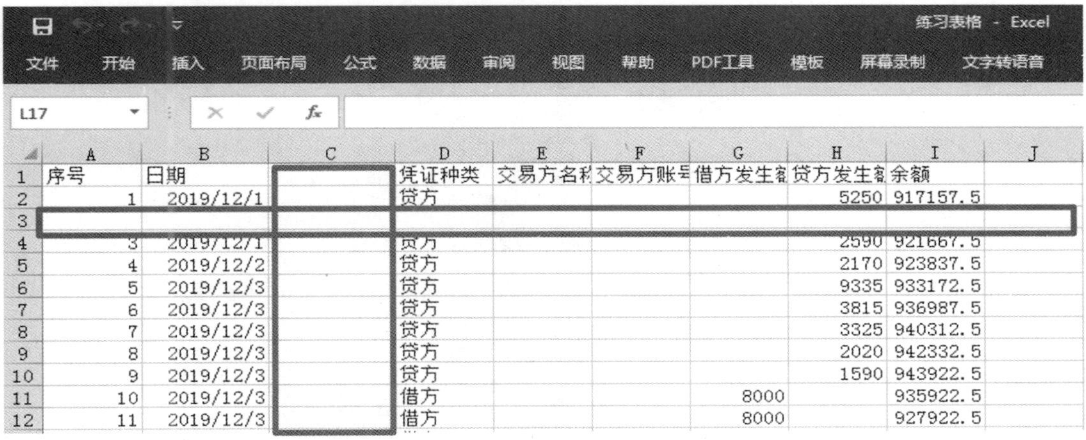

	A	B	C	D	E	F	G	H	I	J
1	序号	日期		凭证种类	交易方名和	交易方账号	借方发生额	贷方发生额	余额	
2	1	2019/12/1		贷方				5250	917157.5	
3										
4	3	2019/12/1		贷方				2590	921667.5	
5	4	2019/12/2		贷方				2170	923837.5	
6	5	2019/12/3		贷方				9335	933172.5	
7	6	2019/12/3		贷方				3815	936987.5	
8	7	2019/12/3		贷方				3325	940312.5	
9	8	2019/12/3		贷方				2020	942332.5	
10	9	2019/12/3		贷方				1590	943922.5	
11	10	2019/12/3		借方			8000		935922.5	
12	11	2019/12/3		借方			8000		927922.5	

图 6-71

21.案例21：序列—页面选择器

页面选择器：某些软件程序的布局和属性节点具有易变的值，UiPath Studio 无法预测这些变化，因此必须手动生成一些选择器，选择具有恒定值的属性。

(1)打开 UiPath Studio 软件，新建一个序列，为序列命名并设置存储路径。

(2)在活动面板中搜索 [打开浏览器]，并将其拖至设计面板，且设置打开网站，运行该流程 [" www.baidu.com "]。

(3)在活动面板中搜索 [最大化窗口]，并将其拖至设计面板。

(4)在活动面板中搜索 [单击]，设置单击元素为 [新闻]。

(5)在活动面板中搜索 [单击]，设置单击元素为 [国内]。

(6)单击打开 [设置] 选项，单击 [编辑选取器]，即可打开页面选择器。

(7)去除不必要属性,单击[验证]按钮校验。

(8)单击[确定],之后运行程序。

> 提示:删除了某些不必要的属性,UiPath Studio 依然可以正确识别。

案例图示如图 6-72 和图 6-73 所示。

图 6-72

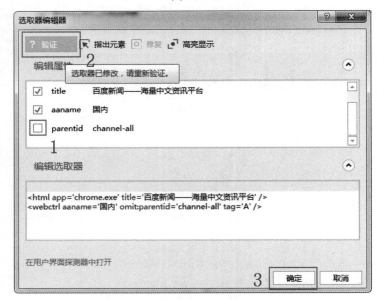

图 6-73

调试效果如图 6-74 所示。

图 6-74

22.案例22：序列—动态选择器

动态选择器:使用通配符,能够替换字符串中的零个或多个字符。

(1)打开 UiPath Studio 软件,新建一个序列,为序列命名并设置存储路径。

(2)在活动面板中搜索[打开浏览器],并将其拖至设计面板,设置打开网站,运行该流程[" baidu.com "]。

(3)在活动面板中搜索[最大化窗口],并将其拖至设计面板。

(4)在活动面板中搜索[单击],设置单击元素为[hao123]。

(5)单击打开[设置]选项,单击[编辑选取器],即可打开页面选择器。

(6)使用通配符 *,替换选择器的部分内容。

(7)运行程序,会发现 UiPath Studio 依然能正确识别元素。

案例图示如图 6-75 和图 6-76 所示。

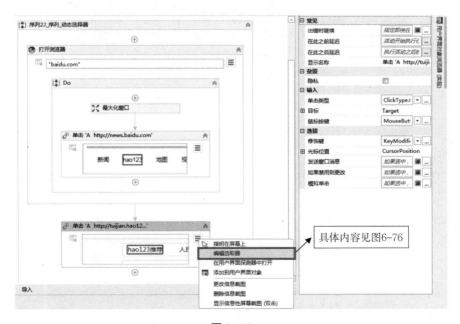

图 6-75

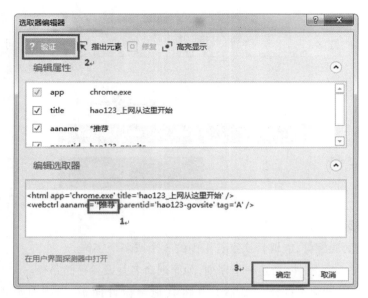

图 6-76

调试效果如图 6-77 所示。

图 6-77

23.案例23：序列—延迟活动

延迟：使用延迟活动允许你等待指定的时间,然后继续工作流程。

(1)打开 UiPath Studio 软件,新建一个序列,为序列命名并设置存储路径。

(2)在活动面板中搜索[日志消息],并将其拖至设计面板,Info 级别中,输入内容:["开始时间: " + Now.ToString("yyyy-MM-dd hh:mm:ss")]。

(3)在活动面板中搜索[延迟],并将其拖至设计面板,[持续时间]设置为 00:00:10,表示延时 10 秒后继续活动。

(4)重复以上步骤,新建一个结束时间的[日志消息]。

(5)运行流程,查看控制台输出结果。
(6)运行完成,你会看到日志窗口打印了延时活动之后的开始时间和结束时间,间隔 10 秒。
案例图示如图 6-78 所示。

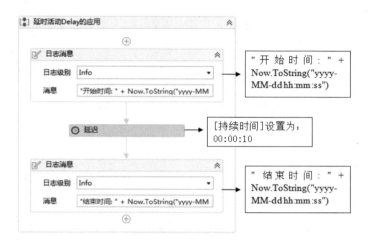

图 6-78

调试效果如图 6-79 所示。

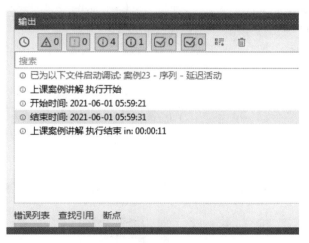

图 6-79

24.案例24:序列—数据筛选

数据筛选:根据指定的逻辑条件,保留或删除行或列。

(1)打开 UiPath Studio 软件,新建一个序列,为序列命名并设置存储路径。

(2)在活动面板中搜索[读取范围](选取路径为:[可用]—[应用程序集成]—[Excel]),并将其拖至设计面板,在属性中,输入 Excel 文件路径以及要读取的 Excel 工作表名称和数据范围,输出数据表变量[利润表],用来保存读取的 Excel 范围的数据。

(3)在活动面板中搜索[筛选数据表],并将其拖至设计面板,在输入数据表中选择变量[利润表],在输出数据表中,使用 Ctrl + K 快捷键自定义变量[新利润表],用来保存经过滤之后保留的内容。

(4)在[筛选行]和[输出列]中,选择需要保留或删除的字段,并输入过滤条件,不填则默认保留原来的所有字段。

(5)在活动面板中搜索[写入范围],并将其拖至设计面板,输入将过滤后的数据写入的 Excel 路径,并输入新利润表变量。

(6)运行完成,会看到 UiPath Studio 成功读取 Excel 的内容,经过滤后将数据写入另一个 Excel 中。

> 提示:如未输出结果,需将利润表行次的数字调整为数字格式。

案例图示如图 6-80 至图 6-82 所示。

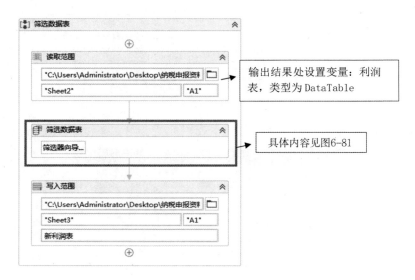

图 6-80

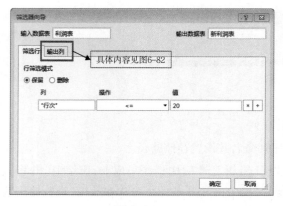

图 6-81

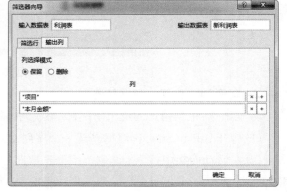

图 6-82

调试效果如图 6-83 所示。

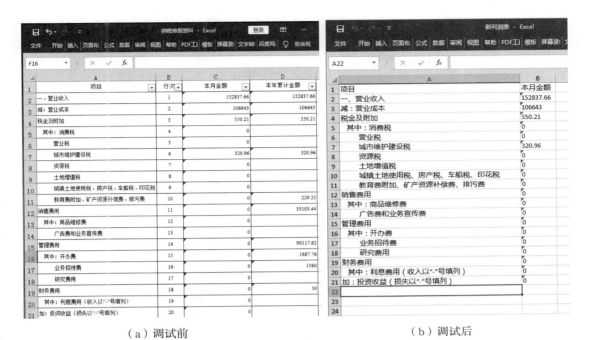

(a)调试前　　　　　　　　　　　　　(b)调试后

图 6-83

25.案例25：序列—查找数据表

查找数据表：相当于 Excel 中的 VLOOKUP 函数，通过它来筛选我们需要查找的值。

(1)打开 UiPath Studio 软件，新建一个序列，为序列命名并设置存储路径。

(2)在活动面板搜索[读取范围]活动控件，拖拽至设计面板，[工作簿路径]处选择编号.xlsx 的路径，[工作表名称]处输入["Sheet1"]，[范围]处输入["A1"]，输出数据表处单击鼠标右键创建变量[编号表]，设置变量类型为 DataTable。

(3)在活动面板搜索[读取范围]活动控件，拖拽至设计面板，[工作簿路径]处选择证书.xlsx 的路径，[工作表名称]处输入["Sheet1"]，[范围]处输入["A1"]，输出数据表处单击鼠标右键创建变量[证书表]，设置变量类型为 DataTable。

(4)在活动面板搜索[添加数据列]活动控件，拖拽至设计面板，[列名称]为["证书"]，[数据表]为[编号表]。

(5)在活动面板搜索[写入范围]活动控件，拖拽至设计面板，[工作簿路径]处选择["查找数据表.xlsx"]的路径，[工作表名称]和[起始单元格]分别输入["Sheet1"]和["A1"]，输入数据表处按下键盘空格键后选择变量[日记账数据]，勾选[添加标头]。

(6)在活动面板搜索[遍历循环]活动控件，拖拽至设计面板，输入[编号表]，正文内加入一个[查找数据表]，[查找列]—[列名称]为["姓名"]，[目标列]—[列名称]为["证书"]，[输入]—[数据表]为[证书表]变量，[输入]—[查找值]为[row("姓名").tostring]，[输出]—[单元格值]为[证书单元格]。

(7)在[遍历循环]的[正文]下插入一个[分配]，[值]为[证书单元格]，[目标]为[row("证书")]。

(8)在活动面板搜索[写入范围]活动控件,拖拽至设计面板,[工作簿路径]处选择["查找数据表.xlsx"]的路径,[工作表名称]和[起始单元格]分别输入["Sheet1"]和["A1"],输入数据表处按下键盘空格键后选择变量[日记账数据],勾选[添加标头]。

(9)单击[调试文件]运行。

案例图示如图6-84至图6-86所示。

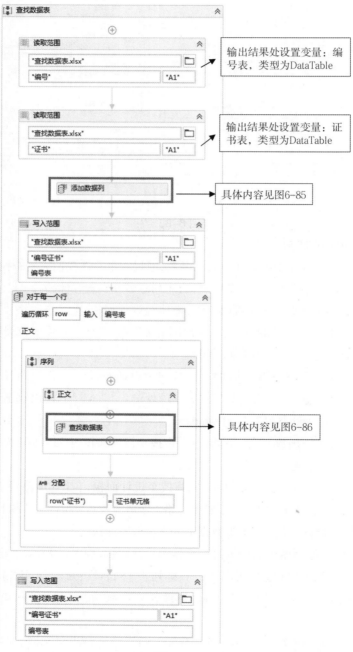

图 6-84

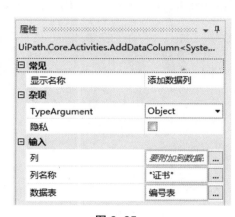

图 6–85

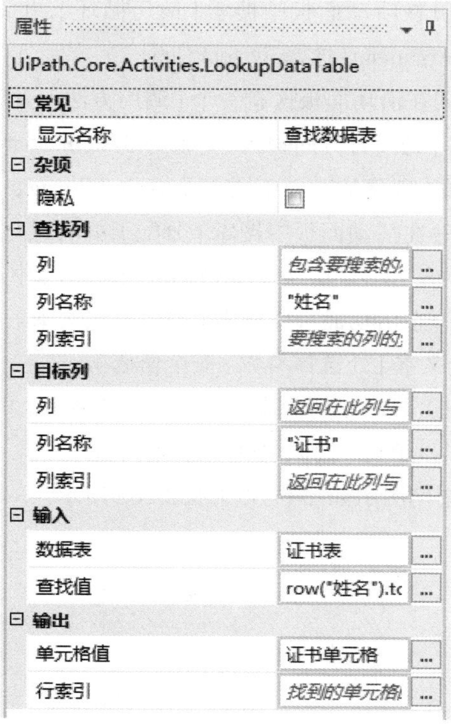

图 6–86

调试效果如图 6–87 所示。

姓名	编号
张三	111
李四	222
王二	333
刘大	444

（a）编号表

姓名	证书
张三	高级
李四	中级
王二	初级
刘大	从业

（b）证书表

姓名	编号	证书
张三	111	高级
李四	222	中级
王二	333	初级
刘大	444	从业

（c）编号证书表

图 6–87

26.案例26：序列—获取密码

获取密码：可以在项目中保存密码，调试的时候不显示。

(1) 打开 UiPath Studio 软件，新建一个序列，为序列命名并设置存储路径。

(2) 在活动面板中搜索［打开浏览器］，并将其拖至设计面板，设置打开网址为 http://120.48.16.87:7082/，浏览器类型为 Chrome，在 [Do] 下方添加一个［最大化窗口］。

(3) 在活动面板中搜索［单击］，并将其拖至设计面板，选取网页中的登录按钮。

(4) 在活动面板中搜索［输入信息］，并将其拖至设计面板，在网页的［用户名］处设置输入用户名。

(5) 在活动面板搜索［获取密码］，在属性中输入密码，在［结果］处新增一个参数［密码］，方向为输入，类型为 String。

(6)在活动面板中搜索[遍历循环],并将其拖至设计面板,[输入]为参数[密码],[杂项]—[TypeArgument]选择 System.Char。

(7)在活动面板搜索一个[调用方法],并将其拖至设计面板[遍历循环]的[正文]中,[杂项]—[参数]处设置方向输入,类型为 System.Char,[值]为 item,方法名称输入[AppendChar],目标对象新增变量[密码字符],类型为 SecureString。

(8)在活动面板中搜索[分配],并将其拖至设计面板,在[目标]属性中新增参数[安全密码],方向为输出,类型为 SecureString,在[值]中选择变量[密码字符]。

(9)在活动面板中搜索[输入安全文本],并将其拖至设计面板,选择网页上的密码框,[输入]—[安全文本]处选择参数[安全密码]。

(10)最后添加一步[单击],选择网页上的单击按钮。

(11)单击[调试文件]运行。

案例图示如图 6-88 和图 6-89 所示。

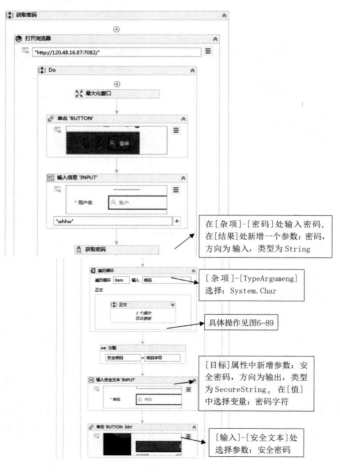

图 6-88

图 6-89

调试效果如图 6-90 所示。

图 6-90

第七章 函数

函数在 UiPath 中起到非常重要的作用，UiPath 虽然是可视化编程，对编程语言没有要求，但是想要实现 UiPath 的效果，需要在可视化的活动中加入一些相关函数的描述，才能实现流程自动化的运行。

1. 日期时间函数

(1) 日期时间函数（见表 7-1）。

表 7-1

函数名称	函数含义	对应变量类型
Year	年份（哪年）	Int32
Month	月份（几月）	Int32
Day	日（几号）	Int32
Hour	小时（几点）	Int32
Minute	分钟数（几分）	Int32
Second	秒钟数（几秒）	Int32
Millisecond	毫秒数（多少毫秒）	Int32
Date	日期部分，时间部分为 0	DateTime
DayOfWeek	星期数	Int32
DayOfYear	在一年中的第几天	Int32
TimeOfDay	时间部分	Object
Ticks	0001 年 1 月 1 日午夜 12:00:00 以来所经历的 100 纳秒数（1Ticks = 0.0001 毫秒）	Object

(2)日期时间变量和字符串变量转换(见表 7-2)。

表 7-2

函数名称	函数含义	对应变量类型
ToString（）	yyyy-MM-dd HH:mm:ss	String
ToString（"格式"）	ToString（"yyyy-MM-dd HH:mm:ss fff"）ToString（"HH"）	String
ToLongDateString（）	"Friday, 01 January 2021"	String
ToShortDateString（）	"01/01/2021"	String
ToLongTimeString（）	"00:00:00"	String
ToShortTimeString（）	"00:00"	String
DateTime.Parse（"字符串"）	DateTime.Para（"yyyy-MM-dd HH:mm:ss"）DateTime.Para（"yyyy-MM-dd"）	DateTime

(3)日期时间函数的操作(见表 7-3)。

表 7-3

函数名称	函数含义	对应变量类型
Add	当前日期增减一个时间间隔（负数代表减），如 Now.Add（new TimeSpan（1,2,3,4）），表示当前时间增加一天二小时三分钟四秒	DateTime
AddYears	当前日期增减年数（负数代表减）	DateTime
AddMonths	当前日期增减月份（负数代表减）	DateTime
AddDays	当前日期增减天数（负数代表减）	DateTime
AddHours	当前增减小时数（负数代表减）	DateTime
AddMinutes	当前增减分钟数（负数代表减）	DateTime
AddSeconds	当前增减秒数（负数代表减）	DateTime
AddMilliseconds	当前增减毫秒数（负数代表减）	DateTime
CompareTo	当前日期与后面的日期比较，如果大于 0 则表示它比后者大，反之则比后者小	Int32

2.字典函数

字典函数如表 7-4 所示。

表 7-4

函数名称	函数含义	对应变量类型
定义字典函数	New Dictionary(of TKey, TValue)from{{ TKey 1, TValue 1},{ TKey 2, TValue 2}}	Dictionary
Count	获取字典中键/值对的数目	Int32
Item	获取或设置与指定的键相关联的值	Object
Keys	获取字典中的键的集合	Object
Values	获取字典中的值的集合	Object
ContainsKey	确定字典是否包含指定的键	Boolean
ContainsValue	确定字典是否包含指定的值	Boolean
Equals	确定指定的 Object 是否等于当前的 Object	Boolean
ToString	返回表示当前对象的字符串	String

3.Arrays、Lists和Queue数组函数

(1)Arrays 数组函数(见表 7-5)。

表 7-5

函数名称	函数含义	对应变量类型
Length	数组的长度，表示数组中有多少个同类型数据	Int32
LongLength	表示所有维度的数组中的元素总数	Object
IsReadOnly	判断数组是否只读	Boolean
Rank	获取数组的维数	Int32
IsFixedSize	判断数组是否带有固定大小	Boolean
GetUpperBound	获取 Array 的指定维度的上限	Int32
GetLowerBound	获取 Array 的指定维度的下限	Int32
Clone	克隆一个相同数据类型的数组，包括数据	Object
Contains	数组是否包含某个类型的数据内容	Boolean

(2)Lists 和 Queue 数组函数(见表 7-6)。

表 7-6

函数名称	函数含义	对应变量类型
定义 List 数组	New List（of string）from{ " AA " , " BBB " }	List<>
Count	表示 Lists 对象包含相同类型数据的长度	Int32
Contains	判断某个元素是否在该 List 中	Boolean
Take（n）	获得前 n 行，T 的类型与 List<T> 的类型一样	Object
定义 Queue 数组	New Queue（12345）	Queue
Count	表示 Queues 对象队列的长度	Int32
Contains	确定某个元素是否在队列中	Boolean

4.字符串函数

字符串函数如表 7-7 所示。

表 7-7

函数名称	函数含义	对应变量类型
Length	字符串长度，获取字符个数	Int32
Chars	字符串转换成字符数组，数组从 0 开始	String
CompareTo	按字母顺序逐个比较字符大小。如果前者大于后者则返回 1，反之返回 −1，如果相同返回 0	Int32
Contains	判断字符串是否包含特定的字符串	Boolean
EndsWith	判断该字符串是否以某个字符串结尾	Boolean
IndexOf	查找该字符串第一次出现某个字符串的位置，如存在，返回字符串开始的位置，不存在则返回 −1	Int32
LastIndexOf	查找该字符串最后一次出现某个字符串的位置，如存在，返回字符串开始的位置，不存在则返回 −1	Int32
PadLeft	返回指定长度的字符串，如果小于这个长度则在左边加空格，如果大于这个长度则返回原值	String
PadRight	返回指定长度的字符串，如果小于这个长度则在右边加空格，如果大于这个长度则返回原值	String
ToLower	字符串转换成小写字符串，如 AB → ab	String

续表

函数名称	函数含义	对应变量类型
ToUpper	字符串转换成大写字符串，如 ab→AB	String
Trim	去掉前后的空格，TrimStart 为去掉左边的空格，TrimEnd 为去掉右边的空格	String
Replace	替换字符串，Replace（旧字符串，新字符串）	String
Substring	截取部分字符串，如没有则默认到最后	String
Remove	从某个位置开始移除指定的长度，如没有则默认到最后	String
ToCharArray	将字符串转换成 Char 数组	Char[]
Split	分割字符串，Split（原字符串变量，切割标志）	String[]
Insert	在指定位置后面插入字符串	String
Equals	按字母顺序逐个比较字符大小	Boolean

5.其他函数

其他函数如表 7-8 所示。

表 7-8

函数名称	函数含义
Integer.Parse（）	转换成 Int 32 类型（只是整数）
Double.Parse（）	转换成数值类型（有小数点后几位）
DateTime.Parse（）	转换成时间类型
vbCrLf	换行符
IsNullOrEmpty	判断该字符串是否是空字符串或者 Null 值

第八章

财务工作中的应用案例

通过调查财务方面的工作内容,将财务工作中重复化、规范化的工作内容挑选出来,通过以 UiPath 软件为依托的 RPA 机器人进行设置和操作,减少重复劳动,提高工作效率。

一、银行对账案例

1.银行对账机器人

(1)[读取范围]活动[工作簿路径]处选择银行对账单.xlsx 的路径,[工作表名称]为 [" Sheet1 "],[范围]为 [" A4 "],输出数据表处设置变量[银行账单数据],类型为 DataTable(见图 8-1)。(需提前准备银行对账单.xlsx、银行存款日记账.xlsx 和对账结果.xlsx。)

图 8-1

(2)参照步骤(1)的操作设置银行存款日记账.xlsx 的路径,[工作表名称]为 [" Sheet1 "],[范围]为 [" A1 "],设置变量[日记账单数据](见图 8-2)。(只保留银行账单数据中日期列有内容(不为空)的行。)

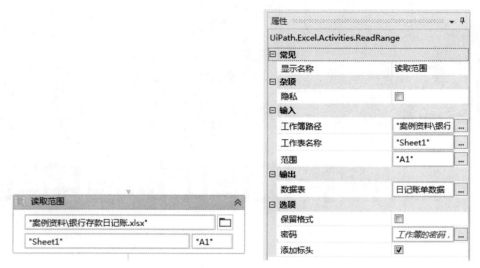

图 8-2

(3) [筛选数据表] 活动 [筛选器向导] 的输入数据表和输出数据表均选择变量 [银行账单数据]，[筛选行] 保留列 ["日期"]，操作选 [Is Not Empty]（见图 8-3）。（保留表 1 所有行 + 表 2 所有行，符合条件的置于"对比结果"表格的上方，不匹配的在表格下方插入空行。）

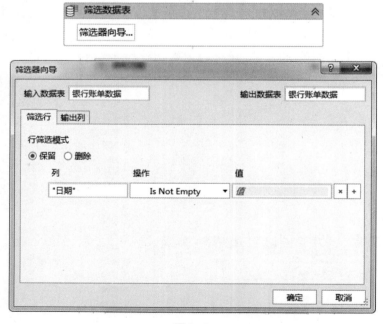

图 8-3

(4) [联接数据表] 活动 [联接向导]—[输入数据表 1] 为 [银行账单数据]，[输入数据表 2] 为 [日记账单数据]，[输出数据表] 设置变量 [对比结果]，类型为 DataTable。[联接类型] 为 Full，"日期" = "日期"，"摘要" = "摘要"，"借方发生额" = "贷方金额"，"贷方发生额" = "借方金额"（见图 8-4）。

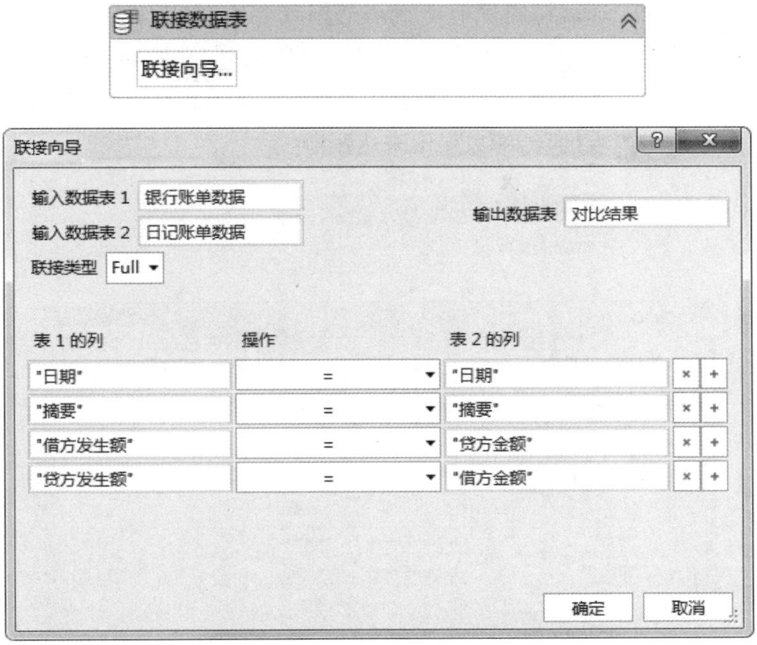

第八章
财务工作中的应用案例

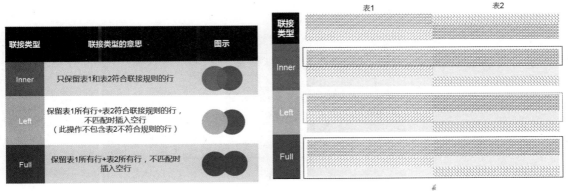

图 8-4

案例解析如图 8-5 所示。

图 8-5

(5)[写入范围] 活动 [工作簿路径] 处选择对账结果 .xlsx 的路径，[工作表名称] 为 [" 对比结果 "]，[起始单元格] 为 [" A1 "]，输入数据表处设置变量 [对比结果]，类型为 DataTable。在属性处勾选 [添加标头]（见图 8-6）。

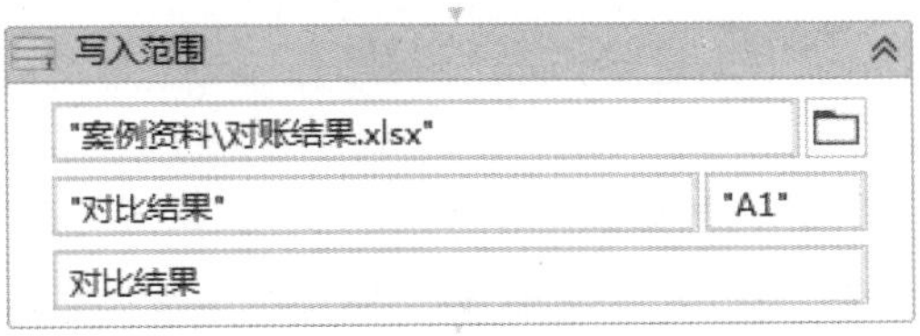

图 8-6

(6)[筛选数据表]活动[筛选器向导]—[输入数据表]为[对比结果],[输出数据表]处设置变量[最终结果],类型为DataTable。[筛选行]点选[删除],列[" 摘要 "],操作选[Is Not Empty],单击[+]增行,显示[And],列[" 摘要 _1 "],操作选[Is Not Empty](见图 8-7)。(删除对比结果数据表中摘要和摘要 _1 中均有内容的行,即只保留未达账项。)

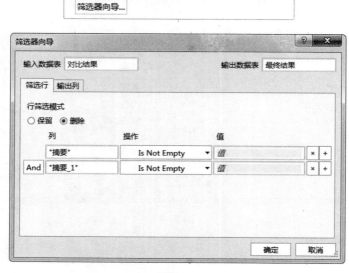

图 8-7

(7)[分配]活动显示为[最终结果.Columns(" 摘要 _1 ").ColumnName] = [" 日记账摘要 "](见图 8-8)。(将数据表的摘要 _1(列)表头修改为日记账摘要。)

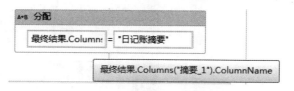

图 8-8

(8)参照步骤(5)的操作设置对账结果 .xlsx 的路径,[工作表名称]为[" 最终结果 "],[起始单元格]为[" A1 "],设置变量[最终结果](见图 8-9)。

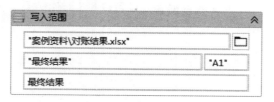

图 8-9

(9)单击[调试文件]运行后,打开对账结果 .xlsx 检查对比结果和最终结果工作表。案例图示如图 8-10 所示。

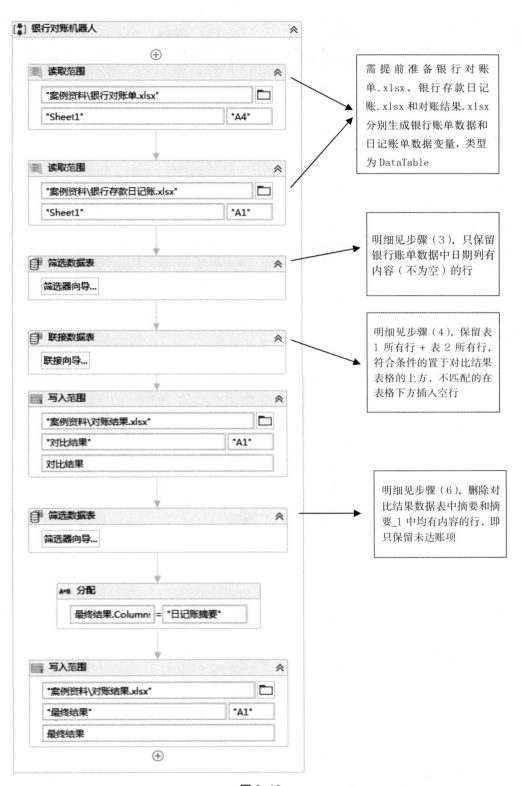

图 8-10

调试效果如图 8-11 和图 8-12 所示。

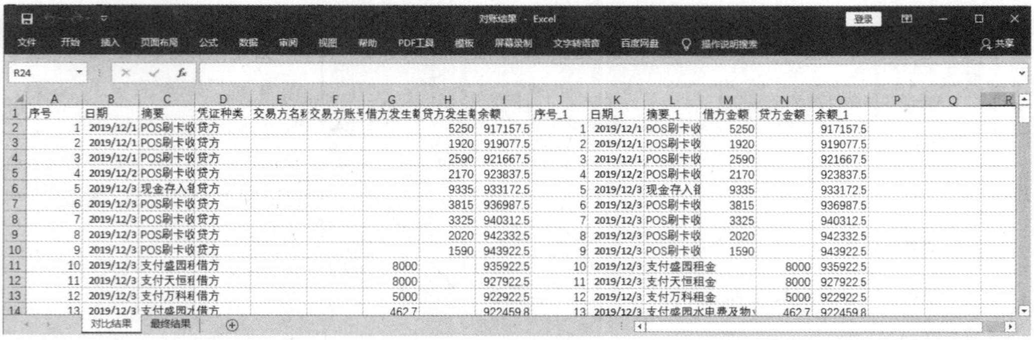

图 8-11

图 8-12

2.银行多份对账机器人

(1)[分配] 活动显示为 [循环次数] = [Directory.GetFiles(" 案例资料 \ 对账结果 ").Length]，循环次数为变量，类型为 Int32，括号内路径按实际填写(见图 8-13)。

图 8-13

(2)[后条件循环] 活动 [条件] 为 [文件索引 <= 循环次数](见图 8-14)。以下所有步骤参照银行对账机器人案例在 [正文] 中操作。

图 8-14

(3)[读取范围]参照银行对账机器人案例步骤(1)设置银行对账单1.xlsx的路径、工作表以及范围,用" + 文件索引.ToString+ "替换路径中的1,输出变量银行账单(见图8-15)。

图 8-15

(4)[读取范围]参照银行对账机器人案例步骤(2)设置银行存款日记账1.xlsx的路径、工作表以及范围,用" + 文件索引.ToString+ "替换路径中的1,输出变量日记账单(见图8-16)。

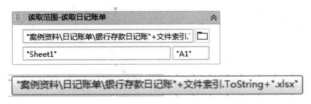

图 8-16

(5)[筛选数据表]参照银行对账机器人案例步骤(3)设置变量筛选规则,[筛选行]保留列[" 日期 "],操作选[Is Not Empty](见图8-17)。

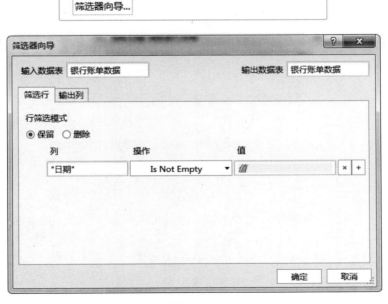

图 8-17

(6)[联接数据表]参照银行对账机器人案例步骤(4)设置,输出变量[对比结果],类型为DataTable(见图8-18)。

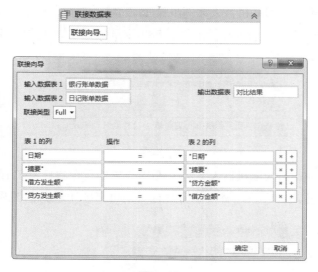

图 8-18

(7)[写入范围] 参照银行对账机器人案例步骤(5)设置对账结果 1.xlsx 的路径,用 " + 文件索引.ToString+ " 替换路径中的 1,输入变量 [对比结果],类型为 DataTable(见图 8-19)。

图 8-19

(8)[筛选数据表] - 参照银行对账机器人案例步骤(6)设置,输出变量 [最终结果],类型为 DataTable(见图 8-20)。

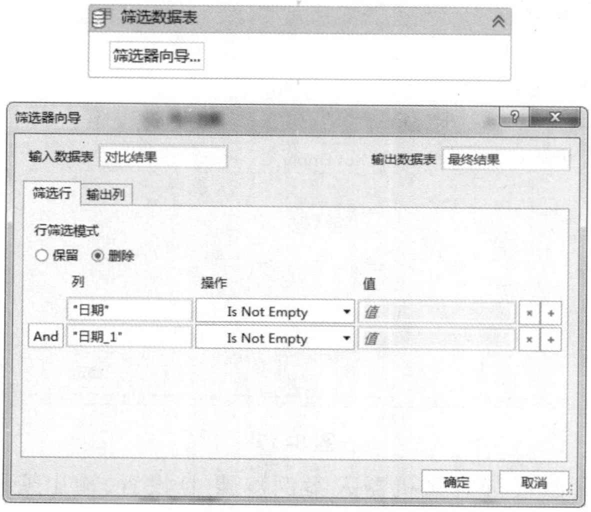

图 8-20

(9) [分配] 参照银行对账机器人案例步骤(7)设置(见图 8-21)。

(10) [写入范围] 参照银行对账机器人案例步骤(8)设置 1 月对账结果 .xlsx 的路径，用 " + 文件索引 .ToString+ " 替换路径中的 1，输入变量 [最终结果]，类型为 DataTable(见图 8-22)。

图 8-21

图 8-22

(11) [分配] 活动 [值] 处为 [文件索引 +1]，等号的左边为 [文件索引]。显示为：[文件索引]=[文件索引 +1](见图 8-23)。

图 8-23

案例图示如图 8-24 所示。

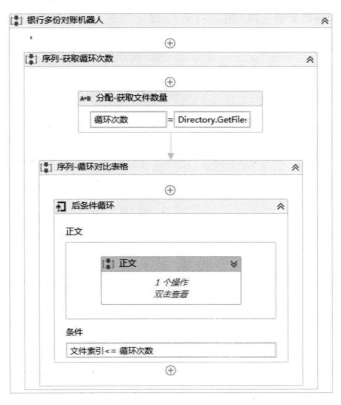

图 8-24

二、自动开票案例

(1)[Excel应用程序范围]—[工作簿路径]选取开票数据.xlsx的路径。以下操作在[执行]中做(见图8-25)。(需准备开票数据.xlsx文件并将内容调整为文本格式。)

图 8-25

(2)拖入3个[应用程序集成]—[Excel]—[读取单元格],[工作表名称]均为["开票网站"],[输入单元格]分别为["A2"]、["B2"]、["C2"],[输出结果]分别设置String变量:网址、用户名、密码(见图8-26)。

(3)[打开浏览器]设置URL为[网址],并在[Do]下面增加一个[最大化窗口],以下操作在[Do]中做(见图8-27)。(浏览器类型选择Chrome。)

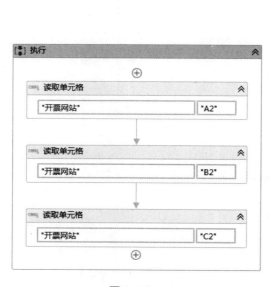

图 8-26

图 8-27

(4)[读取单元格]活动设置开票数据.xlsx的路径、工作表"开票资料"和单元格"B2",输出结果设置String变量:操作时间(见图8-28)。

图 8-28

(5) 拖入 3 个 [输入信息]，分别在网页上相对应的位置输入变量用户名、密码和操作时间 (见图 8-29)。

图 8-29

(6) 拖入 2 个 [单击]，分别在网页上设置单击 [关闭]（操作时间）和 [登录] 按钮 (见图 8-30)。

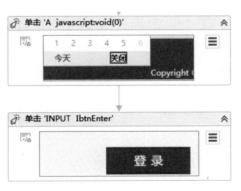

图 8-30

(7) [读取单元格] 活动设置开票数据 .xlsx 的路径、工作表 " 开票资料 " 和单元格 " E2 "，输出结果设置 String 变量：发票类型 (见图 8-31)。

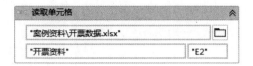

图 8-31

(8)拖入 3 个 [单击],分别设置网页上的 [防伪税控开票模拟系统]、[发票管理] 和 [发票填开] 按钮(见图 8-32)。

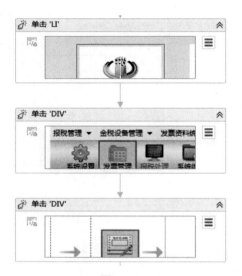

图 8-32

(9)[IF 条件] 设置条件 [发票类型 = " 普通发票 "],在 [Then] 中拖入 [单击],设置网页上的 [增值税普通发票填开] 按钮,[Else] 中设置 [增值税专用发票填开] 按钮,在 [IF 条件] 下加一个 [单击] 设置 [确定] 按钮(见图 8-33)。

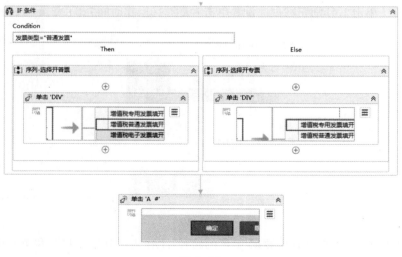

图 8-33

(10)[读取单元格]活动设置开票数据.xlsx的路径、工作表"开票资料"和单元格"G2",输出结果设置String变量:名称(见图8-34)。

图8-34

(11)[输入信息]活动设置网页上的[名称]处[输入]变量:名称(见图8-35)。

(12)[先条件循环]—[条件]为[行号<6],以下操作(13)~(18)在[正文]中做(见图8-36)(需新增Int32变量:行号,默认值为0。)

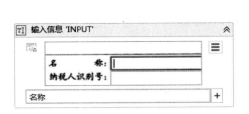

图8-35　　　　　　　　　图8-36

(13)[读取单元格]设置开票数据.xlsx的路径、工作表"开票资料"和单元格"H"+(行号+2).ToString,输出String变量:货物名称(见图8-37)。

> 提示:单元格"H"+(行号+2).ToString表示H2,因为行号默认值为0,行号+2=2。

(14)[单击]活动设置"货物名称"的位置,并将[属性]—[目标]—[选取器]中row-r1-2-0中的0替换为"+行号.ToString+"(见图8-38和图8-39)。

> 提示:经测试可知,利润表每一行位置的[目标]中row-r1-2-0内的0数字递增,故可用变量代替数字做循环。

 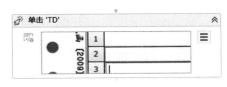

图8-37　　　　　　　　　图8-38

图 8-39

(15)[输入信息]的[选取器]直接复制上一步骤的内容,输入文本选择变量:货物名称(见图 8-40)。

图 8-40

(16)重复(13)~(15)的步骤设置规格型号、单位、数量、单价和税率(见图 8-41 至图 8-45)。

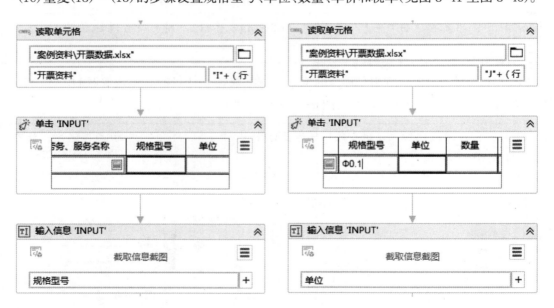

图 8-41　　　　　　　　　　　　　图 8-42

第八章
财务工作中的应用案例

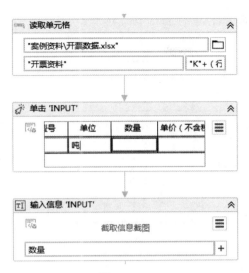

图 8-43

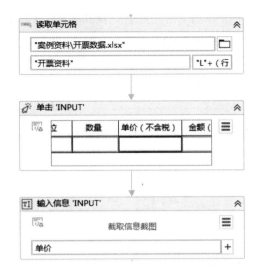

图 8-44

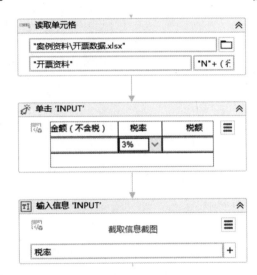

图 8-45

(17)[单击] 活动在网页上设置单击 [增行]（见图 8-46）。

(18)[分配] 活动 [目标] 为 [行号]，[值] 为 [行号 +1]（见图 8-47）。

> 📝 提示：设置行号=行号+1，即行号默认值为0，循环一次后下一次循环时行号为1。

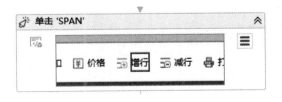

图 8-46

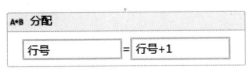

图 8-47

(19)[单击] 活动设置 " 货物名称 " 的位置,并将 [属性]—[目标]—[选取器] 中 row-r1-2-0 中的 0 替换为 " + 行号 .ToString+ " (见图 8-48)。

> 📎 提示:因为最后一次循环生成了一行空白行,需要选中行后进行删除,则选取增加的最后一行进行减行。

(20)[单击] 活动设置单击 [减行] 的位置(见图 8-49)。

图 8-48

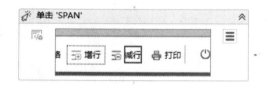

图 8-49

(21)[单击] 活动设置单击 [OK] 的位置(见图 8-50)。
(22)[消息框] 设置输入文本为 [" 已完成! "](见图 8-51)。

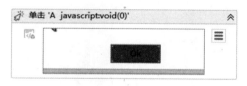

图 8-50

图 8-51

案例图示如图 8-52 至图 8-71 所示。

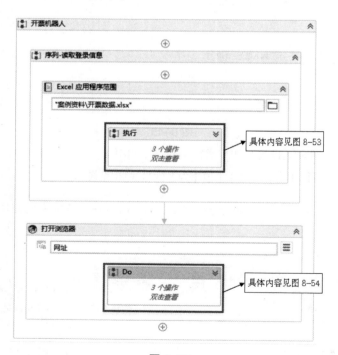

图 8-52

第八章
财务工作中的应用案例

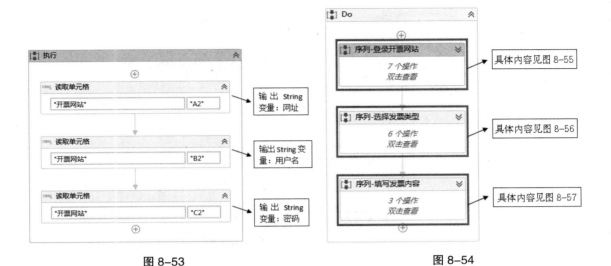

图 8-53　　　　　　　　　图 8-54

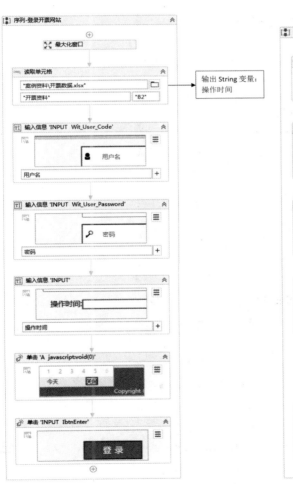

图 8-55　　　　　　　　　图 8-56

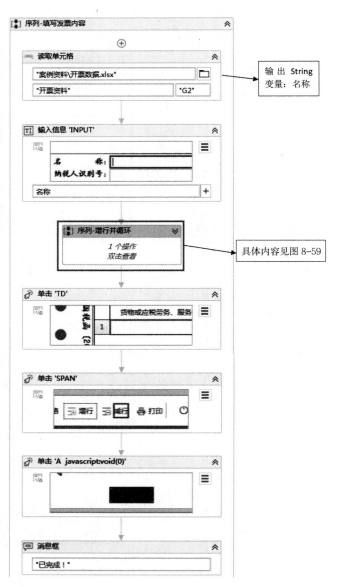

图 8-57

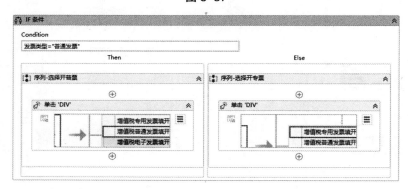

图 8-58

第八章
财务工作中的应用案例

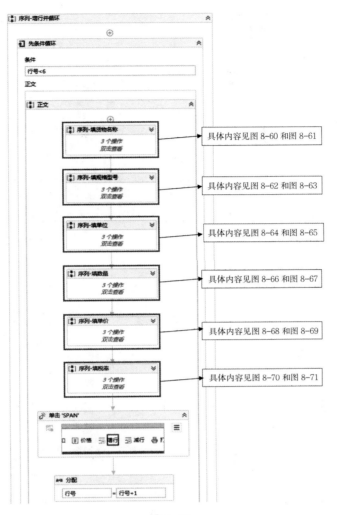

图 8-59

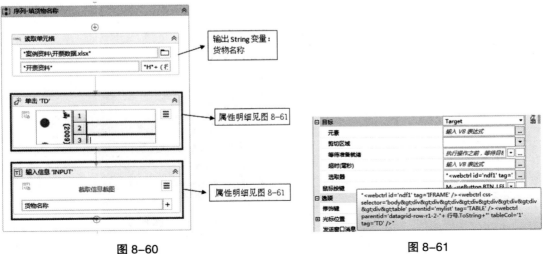

图 8-60　　　　　　　　　　　图 8-61

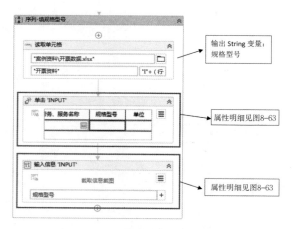

图 8-62

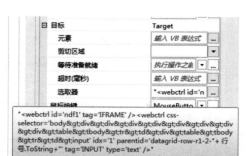

图 8-63

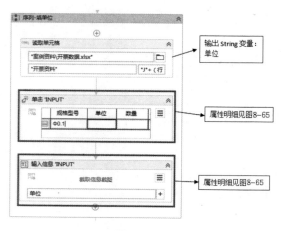

图 8-64

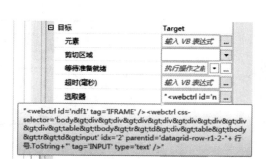

图 8-65

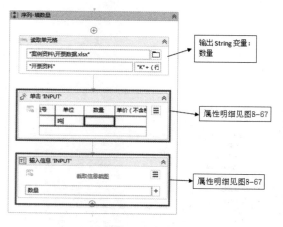

图 8-66

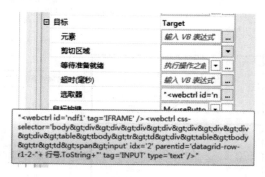

图 8-67

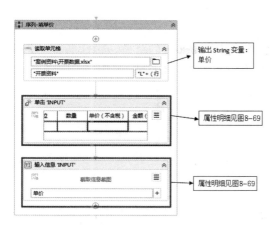

图 8-68

图 8-69

图 8-70

图 8-71

调试效果如图 8-72 所示。

图 8-72

三、纳税申报案例

(1)[Excel 应用程序范围]—[工作簿路径] 选取纳税申报资料 .xlsx 的路径(见图 8-73)。步骤(2)在 [执行] 中做。(需准备纳税申报资料 .xlsx 文件并将内容调整为文本格式。)

图 8-73

(2)拖入 3 个 [应用程序集成]—[Excel]—[读取单元格],[工作表名称] 均为 " 纳税网站 ",[输入单元格] 分别为 " A2 " 、" B2 " 、" C2 ",[输出结果] 分别设置 String 变量:用户名、密码、网址(见图 8-74)。

(3)[打开浏览器] 设置 URL 为 [网址],并在 [Do] 中增加一个 [最大化窗口],步骤(4)~(16)在 [Do] 中做(见图 8-75)。

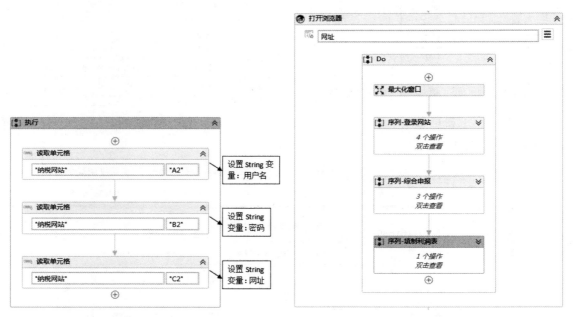

图 8-74　　　　　　　　　　　　图 8-75

(4)[单击] 活动设置网页上的 [登录] 按钮(见图 8-76)。

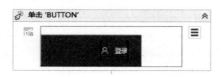

图 8-76

(5)拖入 2 个 [输入信息],分别设置网页上的用户名和密码,输入文本分别为变量用户名和密码(见图 8-77)。

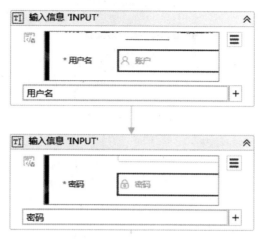

图 8-77

(6)[单击] 设置网页上的 [登录] 按钮(见图 8-78)。

(7)[单击] 设置网页上的 [综合申报(我要申报)] 按钮(见图 8-79)。

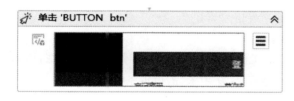　　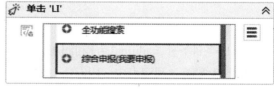

图 8-78　　　　　　　　　　　　图 8-79

(8)[输入信息] 设置网页上的 [选择填表时间],输入文本设置为:year(today).ToString+ " - " +Month(today).ToString+ " - " +Day(today).ToString(见图 8-80)。

> 📝 提示:year(today).ToString+ " - " +Month(today).ToString+ " - " +Day(today).ToString表示今天的年-月-日。

图 8-80

(9)[单击] 设置网页上的 [下一步] 按钮(见图 8-81)。

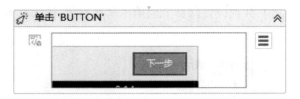

图 8-81

(10)[先条件循环] 设置条件 [利润表行数 <33],步骤(11)~(14)在 [正文] 中做（见图 8-82）。（需在变量面板新增 Int32 变量:利润表行数,默认值为 2。）

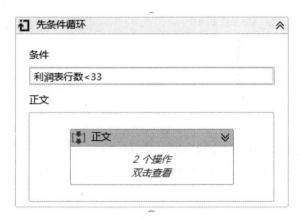

图 8-82

(11)[IF 条件]—[Condition] 为 [利润表行数 <>22 AND 利润表行数 <>31],步骤(12)~(14)在[Then] 中做（见图 8-83）。（利润表中 22 和 31 行由网站自动生成,无法填入,需设置条件跳过。）

图 8-83

(12)[读取单元格] 选择纳税申报资料 .xlsx 的路径,工作表为 " 利润表 " , [范围] 为 " C " + 利润表行数 .ToString, [输出结果] 设置 String 变量:利润表数据（见图 8-84）。

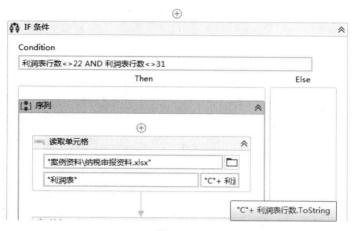

图 8-84

(13)[单击] 选择网页中利润表的第二行,将 [属性]—[目标]—[选取器] 中 tableRow='3' 中的 3 替换为:" + 利润表行数 .ToString()+ "（见图 8-85 和图 8-86）。

> 提示：经测试可知，利润表每一行位置的[目标]中tableRow='3'内的数字递增，故用变量代替数字做循环。

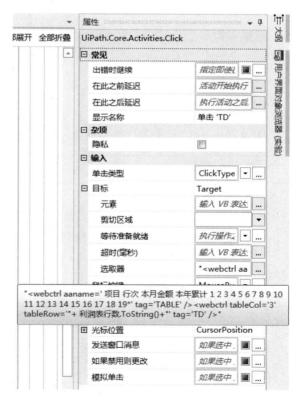

图 8-85　　　　　　　　　　　　　　　图 8-86

(14)[输入信息] 的 [选取器] 直接复制上一步骤的内容,输入文本选择变量:利润表数据(见图 8-87 和图 8-88)。

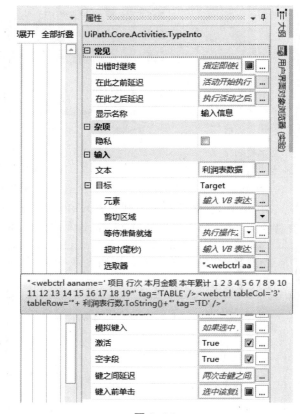

图 8-87　　　　　　　　　　　　　　图 8-88

(15)[分配] 活动 [目标] 为利润表行数,[值] 为利润表行数 +1(见图 8-89)。

> 提示:设置利润表行数=利润表行数+1,即在本次循环结束后下一次循环时行号为1。

图 8-89

(16)[消息框] 设置输入文本为:" 已完成! "（见图 8-90)。

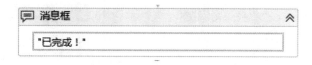

图 8-90

案例图示如图 8-91 至图 8-96 所示。

第八章
财务工作中的应用案例

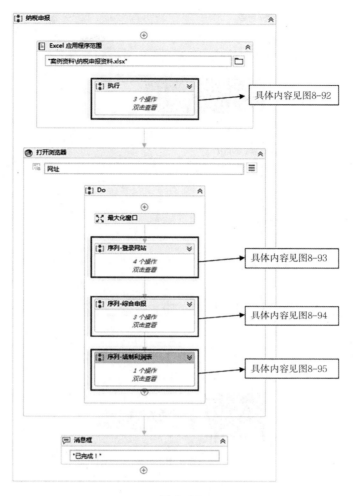

图 8-91

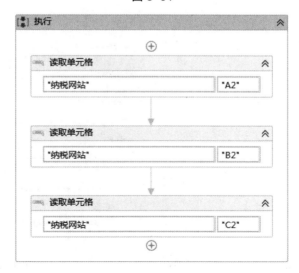

图 8-92

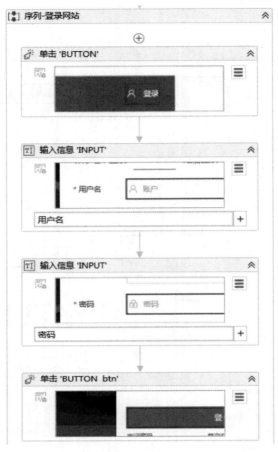

图 8-93

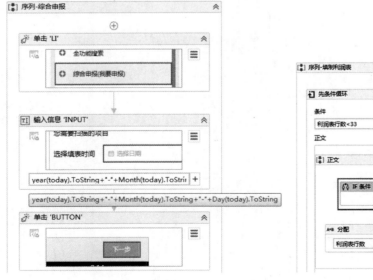

图 8-94

图 8-95

第八章
财务工作中的应用案例

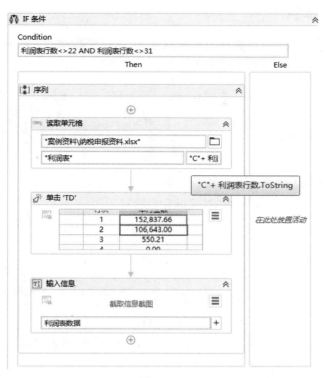

图 8-96

调试效果如图 8-97 所示。

图 8-97

四、财务分析案例

(1)在变量面板新增变量 [PDF 文件名],类型为 Array of <String>(见图 8-98)。(需提前准备光明乳业年度报告和光明乳业财务报告分析计算 .xlsx。)

图 8-98

(2)[分配]—[受让人] 选择变量 [PDF 文件名],[值] 为 [Directory.GetFiles(" 案例资料 \ 光明乳业年度报告 ")](见图 8-99)。(括号内按实际路径填写。)

图 8-99

(3)[遍历循环] 活动 [值] 为 [PDF 文件名](见图 8-100)。以下步骤在 [正文] 中操作。

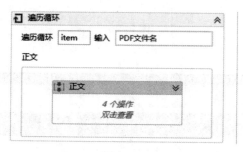

图 8-100

(4)[读取 PDF 文本] 活动文件名为 [item.ToString],输出文本设置变量数据源,类型为 String(见图 8-101)。

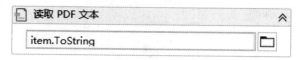

图 8-101

(5)[分配]—[受让人] 设置 String 变量 [财务报表],[值] 为 [split(数据源 , " 二、财务报表 ")(1)](见图 8-102)。

> 📝 提示:Split指把字符串按指定规则分割成N个字符串数组,此步骤将数据源划分为 " 二、财务报表 " 前后两部分,(1)表示截取后面的部分,如果使用(0)表示截取前面的部分,目的为定位财务报表的位置。

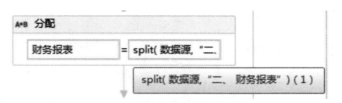

图 8-102

(6)[分配]—[受让人] 设置 String 变量 [合并利润表],[值] 为 [Split(财务报表," 合并利润表 ")(1)](见图 8-103)。

图 8-103

(7)[分配]—[受让人] 设置 String 变量 [营业收入], [值] 为 [split(Split(合并利润表," 其中：营业收入 ")(1).Trim," ")(0)](见图 8-104)。

> 提示：Trim指去除字符串前后空格，此步骤删除截取内容的前后空格，只保留数字，目的为获取营业收入的值。

图 8-104

(8)[分配]—[受让人] 设置 String 变量 [净利润],[值] 为 [Split(合并利润表," 净利润 ")(1)](见图 8-105)。

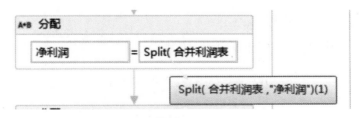

图 8-105

(9)[分配]—[受让人] 选择变量 [净利润], [值] 为 [split(split(净利润," 号填列) ")(1).Trim," ")(0)](见图 8-106)。

图 8-106

(10)参照以上步骤在[分配]活动设置营业利润、每股收益和资产总计(见图 8-107)。

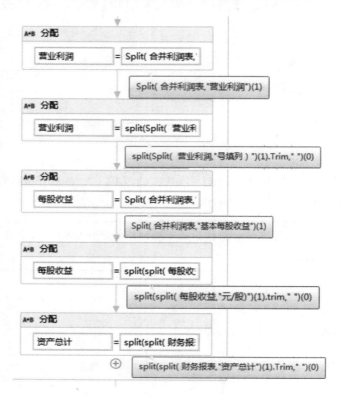

图 8-107

(11)[Excel 应用程序范围]—[工作簿路径]选择光明乳业财务报告分析计算.xlsx 的路径(见图 8-108)。以下步骤在[执行]中操作。

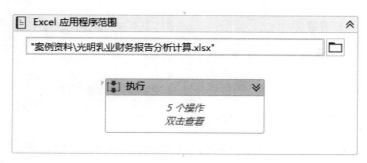

图 8-108

(12)[写入单元格] 活动 [范围] 为 [chr(B)+ " 3 "], [输入值] 为 [营业收入]。重复以上操作设置净利润、营业利润、每股收益和资产总计（见图 8-109）。(chr(B)+ " 3 " , 引号内数字需顺延。)

> 提示：需提前创建Int32变量：B，默认值为66。

chr( ) 将数字转换为对应字符, chr(65) 表示字母 A, chr(66) 表示字母 B, 依此类推。

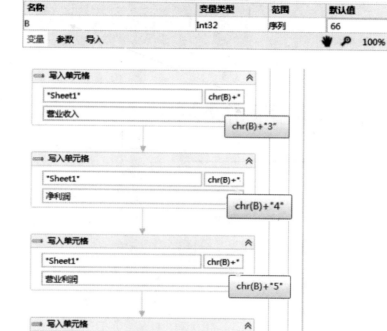

图 8-109

(13)[分配] 活动 [值] 处为 B+1, 等号的左边为 B。显示为: B=B+1（见图 8-110）。

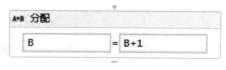

图 8-110

案例图示如图 8-111 至图 8-114 所示。

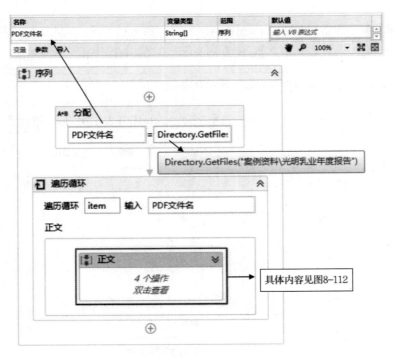

图 8-111

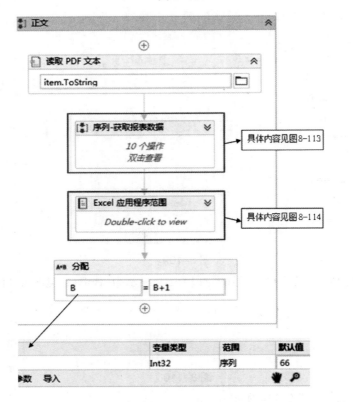

图 8-112

第八章
财务工作中的应用案例

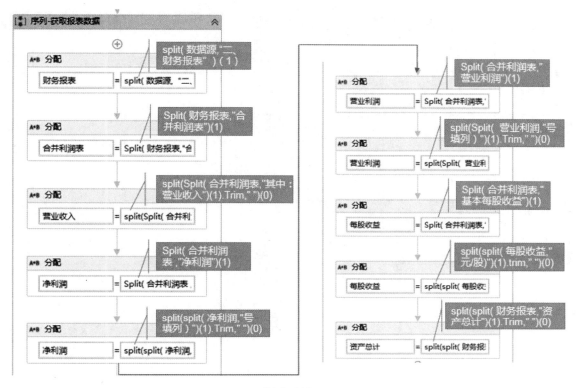

图 8-113

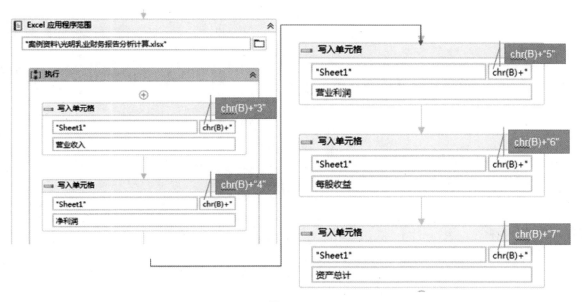

图 8-114

调试效果如图 8-115 所示。

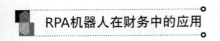

光明乳业股份有限公司发展能力指标计算					单位：元
项目	2016	2017	2018	2019	2020
营业收入	20,206,750,930.00	21,672,185,188.00	20,985,560,398.00	22,563,236,819.00	25,222,715,966.00
净利润	675,261,476.00	818,108,813.00	526,594,000.00	682,452,363.00	785,141,962.00
营业利润	975,513,150.00	1,101,116,420.00	878,500,774.00	1,135,172,138.00	1,196,378,501.00
每股收益	0.46	0.5	0.28	0.41	0.5
资产总计	16,079,810,015.00	16,539,257,377.00	17,933,759,421.00	17,637,106,805.00	20,309,910,295.00
营业收入增长率 (%)		6.76	-3.27	6.99	10.54
净利润增长率 (%)		17.46	-55.36	22.84	13.08
营业利润增长率 (%)		11.41	-25.34	22.61	5.12
每股收益增长率 (%)		8	-78.57	31.71	18
总资产增长率 (%)		2.78	7.78	-1.68	13.16

图 8-115

第九章 通用的应用案例

一、邮箱附件整理机器人

(1)登录QQ邮箱→设置→账户→开启IMAP/SMTP服务→发送短信获取并保存授权码(见图9-1至图9-3)。

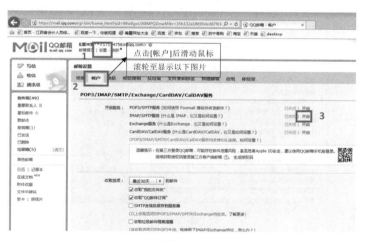

图 9-1

图 9-2

图 9-3

(2)单击[什么是 IMAP,它又是如何设置?],查询并保存服务器地址和端口号(见图 9-4)。

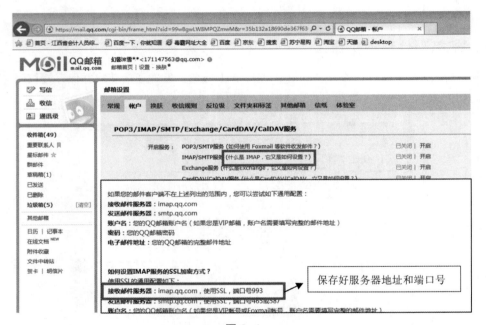

图 9-4

(3)新建文件夹,名称为[邮箱附件],用于保存下载的附件。

(4)在活动面板搜索[获取 IMAP 邮件信息]活动控件,拖拽至设计面板,[服务器]和[端口]按邮箱设置填写,[邮件文件夹]为["收件箱"],[超时(毫秒)]为[3000],[密码]为授权码,[电子邮件]为 QQ 邮箱地址,输出消息处设置变量邮箱附件抓取,变量类型自动生成,[选项]—[顶部]为[5]。

> 提示:3000毫秒=3秒。如邮件已读,需在[仅限未读消息]处取消勾选。

(5)在活动面板搜索[遍历循环]活动控件,拖拽至设计面板,[杂项]—[TypeArgument]设置为 MailMessage 变量类型,[值]为邮箱附件抓取。以下步骤在[遍历循环]的[正文]中操作。

(6)在活动面板搜索[保存附件]活动控件,拖拽至设计面板,[文件夹路径]处选择邮箱附件的路径，输入消息为 [item]。

（7）单击 [调试文件]，运行完成后，打开邮箱附件文件夹检查结果。如未收到，可能是邮箱没有附件，需用其他邮箱发送含附件的邮件后重试。

案例图示如图 9-5 所示。

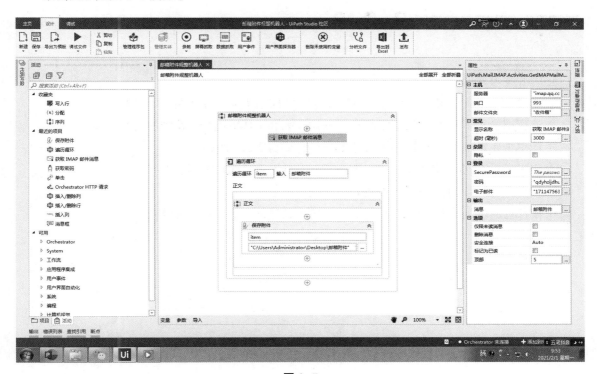

图 9-5

二、邮件发送练习

参考邮箱附件整理机器人的案例，自行练习发送邮件案例。要求发送的邮件含主题、正文，并附附件。

学习建议

UiPath 学习建议：
1. 不要把一个项目定得太大，UiPath 不稳定，跑的时间越长，卡死的概率越高。
2. 流程图最好不要摊大饼式地铺开，最好用序列和工作流组合一系列的动作。
3. 能单击元素就不要单击图像，元素远比图像要稳定，识别度高。
4. 定义变量时，变量名称要清晰，变量类型要准确，变量作用范围要选好。
5. 常用日志消息、消息框等检测变量。
6. 设计过程中一定要常调试，设计到一个阶段就调试一下运行呈现效果。